人家

胭+砚
project

# 噢，孩子们

# OH, CHILDREN

## 千禧一代家庭史

## The Family History Stories of Millennials

王洪喆——主编

漓江出版社·桂林

# 目录

# 前言

王洪喆

千禧年后出生，新冠纪元成人，数十个孩子经由家庭史写作，重返自己的20世纪。

艰辛之年，往往也是人类历史的返乡时刻。疫情居家给课堂教学带来的限制，就此转化为重建时间斜塔的契机。空间上的滞留，也是时滞，隔离造成时空的反向运动，让线性历史减速，反而成为我们在时间中自由穿梭往返的许可。

2020年春季，我在北京大学传播学理论课程中给学生们布置了一份家庭史作业。学生们利用居家上网课的机会，与家人相处，通过对家人的访谈、媒介材料搜集和查阅文献，选定一位或几位家人，完成一篇自己的家庭史非虚构作品，在期末提交。我特别强调要收集媒介材料，比如日记、录音、照片、实物、地图，等等，就此讨论媒介的不同形式跟记忆之间的关系。媒介物作为时间的纹理，构成了记忆的本体。然而通过媒介进入历史的目的从来不仅仅是怀旧。书信、日记、录音、录像、照片、家居、衣物、建筑、风景——学生们经由异质性的媒介通道，寻找到各自返乡的线索，以重建非个人化的记忆和情感档案，图绘出不同代际经由媒介网络所构成的共和国家庭故事。媒介史的“非线性”特征，决定了时间犹如支流密布的水网，溯源而上，将逐渐远离历史叙事的“干流”和“正源”，进入具有多重分支的深度过往。由此，被打捞起来的失落声音和另类理想，便成了可以被转运和投送的能量—— 一个时间的南水北调工程。

这代青年生活在一个“泡沫”里，被保护得很好。尤其是北大的学生，从小成绩好，就算家庭条件一般，家里也会保障孩子专心完成学业。很多大事小情，家里以前不会告诉孩子。而对20世纪历史的回溯，也意味着对父辈经历的重新发现。这一代人很多心理问题的来源也跟他们与父辈的隔阂有关，所以访谈和写作的过程，也参与了家庭关系的重建—— 一个和家人重新认识、和解的过程。通过重访家庭去理解社会变迁，这是离家远行后非常重要的再次成长。

家庭史有别于传统新闻写作，是融合了口述史访谈、自我民族志、档案研究、物质性材料和媒介史研究等多种理论和方法的跨学科工作。经由家庭史对传播理论的学习，不仅成就了对于社会科学视野下对“行动”和“仪式”的研讨，也再次叩问了大学精神的实质。学生们不是从校园启程，去往世界，他们本就“来自江南塞北，情系城镇乡野”，在进入大学之前，他们已经成人，携带着故乡和父辈经历的烙印。从虎头沟水库，到平顶山煤矿；从新疆兵团到兴安岭林场；从南美洲到印度洋……千禧一代家庭的20世纪，蕴含着太多普通劳动阶层的理想、情感和生命历程与中国社会变迁的交错。那些可言说和不可言说的故事，不仅是私家历史，也汇成了国家崛起线性时间背后真正的重量。感谢澎湃新闻的钟源，漓江出版社的彭毅文和编辑陈嘉梦，让学生们的作品顺利出版，让家庭史成为公共记忆。

20世纪，这个距离我们最近的世纪，具体而微地塑造了我们今日的处境和我们思与行的方式，然而其真实的展开过程却变得愈发陌生，难以辨认。危机纪元的到来，是20世纪能量的最终耗尽，抑或新的历史动力的重启？疫情可能导向“漫长中世纪”的蛰伏，也可能通往旧帝国的瓦解、革命和新秩序的创生。不确定性会使得旧有的格局松动，不确定性召唤着行动者的成长，召唤着“新人”和创造性的劳动。“新人”注定不会再次踏入同一条河流，他们正在进入坍缩之前的宇宙……他们要逆流而上，返归未来。

2021年9月8日于万柳

2022年2月13日改定

# 时代、家族——守望与变革

从千禧一代孩子的眼睛望去，我们得以一窥个人与家族在社会变革之中的坚守、在文化传承之中的作为。书信、日记、录音、录像、照片、家居、衣物、建筑、风景——学生们经由异质性的媒介通道，寻找各自家庭与时代的联结，重建非个人化的记忆和情感档案，图绘出不同代际经由媒介网络所构成的故事。这些故事蕴含着普通劳动人民的理想、情感和生命历程，饱含着中国社会变迁的重量。

# 我的姥爷：从穷小子到清华教授

陈亦琪

姥爷原本不叫黄美来，而叫黄米来。

他出生在浙江黄岩的一个穷苦人家，全家只靠父亲和大哥种地过活。家里原有姐妹兄弟七人，大姐被送去做童养媳，三姐被送到尼姑庵，弟弟两岁时也被送人当养子，改姓了俞。

然而，战乱的风波不曾放过任何一个渺小的角落。黄岩沦陷的时候，日本人把哥哥抓走做了壮丁（所幸走到宁波时逃了回来）。年幼的米来看着父亲背过身去，偷偷抹眼泪。这样辛酸的背影，永远地镌刻在了他对解放前那段艰苦岁月的记忆里。

## 童年（1936—1949）

寻常日子里，米来走很远的路去许氏小学读书。四年级时，他凭着孩童的聪明伶俐跳级去了孝友小学，以第一名的成绩毕了业。

但是，上初中是要交学费的。米来果不其然地失学了。

如果按照事情的自然发展，他会在家干农活，逐渐走上一个普通农民的生活轨道。然而，小学校长的关照改变了他的命运。因为可惜米来的天赋，校长亲自去家里做他父亲和哥哥的工作，联系黄岩中学以预发奖学金的方式免去了米来的学费。这是米来命里第一个贵人，他因此有了上初中的资格。

然而，家里的生计不允许米来专心念书。他白天上学，晚上回家干农活，小时候的小聪明已经不足以让他学好大量需要背诵的中学知识。初一的期末考试，他的成绩没有达到当初发奖学金的要求，要补交学费。1949年的春天，米来又失学了。

生活的起伏似乎并没有在米来心中掀起太大的波澜，他继续做农活，一有空就在家练字、看小说，尤其爱看《七侠五义》《拍案惊奇》，农闲时还肩挑货郎担，从事卖糖等小商小贩的生意。

1949年5月30日，黄岩解放。中国人民解放军南下工作队来到米来的家乡“访贫问苦”，并发动群众成立乡村的民主政权，组织群众民主选举村长和农会主任 —— 贫农身份的哥哥就是候选人之一。几个候选人冲墙站着，朴实的农民第一次享受“当家作主”的权利，面对这样陌生的仪式还有些手足无措。他们各自屁股后面放着一个碗，随着村民们手中的豆子一粒粒“叮、叮、叮”地落入碗中，哥哥就这样当上了第一任村长。

在随后民主建政的过程中，南下工作队的徐振东同志又发现了米来这个“小知识分子”，于是动员他参加革命，担任起孝友乡人民政府的文书。

8月末的一天，徐振东来家里找米来谈话。也是觉得米来辍学可惜，便抱着为党培养工农干部的念头，问他想不想上学。

“我当然想上学。”

“我再送你去上学，怎么样？”

“不行啊，送我去上学，我也交不起学费。”

徐振东笑了笑："现在的学校是人民自己的学校，学费免了！"

"那以前的学费管不管？"米来想起欠着黄岩中学的学费。

"都不算数了。"

"还是不行啊，老徐，上学了我吃什么？"

徐振东用怜惜而宽慰的眼神看着他："放心，你尽管去上学，国家每月发你30公斤米。"

米来在心里算了算，30公斤米不仅自己够吃，还能解决家里的困难，他眉开眼笑："这下可以了！"

土地改革后，米来家里分到了田地和房屋。在共产党的领导下，世代饥劳的一家越来越感到幸福生活步步走来。

米来因而改名为美来。

## 少年（1950—1954）

在放学后的时间里，美来依旧操心着农会的事务和家里的农活，成绩一直上不去。初二结束后，黄岩中学调来了新校长——西南联大毕业的老共产党员蔡海南。他得知美来学习吃力，便亲自找他谈话，并在分析原因后动员美来辞掉了农村的全部工作，住到学校专心学习。

美来的命运第三次被打捞起。他想着：不能辜负党的培养，不能对不起这些帮助过他的恩人。这样的朴素念头激励着他刻苦学习，在担任黄岩中学学生会主席的情况下，学习成绩依然名列前茅。

1954年，校长蔡海南动员美来入党。由于美来曾带着民兵到地主家要求减租减息，班上一个大地主家的孩子与他结了仇，在班里诬蔑美来入党的动机是为了考大学。美来听见，心一横便赌气说："我不入了！你看我考得上考不上！"

直到高考前填报志愿的时候，美来依旧对大学的优劣排名一无所知，只一门心思要报拖拉机专业。"面朝黄土背朝天"，农民耕作的苦累是他童年抹不去的记忆，他多么想让农民也用上苏联人的拖拉机啊！他相信，要改变农民的命运，就要学拖拉机，让苏联的今天成为我们的明天。后来听学长说，清华大学的拖拉机专业很厉害，他便依此报了志愿，立下目标。

高考发榜的日子，《解放日报》登了录取名单——美来被清华大学录取了！"贫下中农子弟进清华！"美来的好消

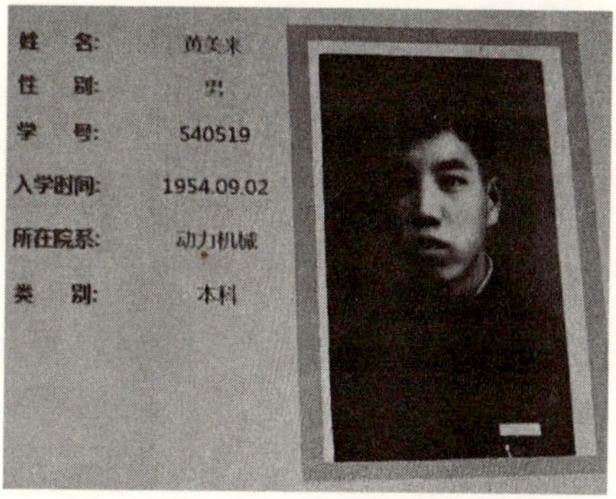


大学时期的黄美来

息轰动了黄岩县。朝为田舍郎，暮登天子堂——他心中的喜悦之情不过如此。

临去北京前，哥哥卖了土改得的留声机给美来凑生活费，三姐把自己的小被子送给美来拿去用，黄岩县政府承担了美来的路费，已升任黄岩县人民法院院长的恩人徐振东也亲自到汽车站送别，赠予一支英雄金笔以勉励他努力学习。

这是美来第一次出门。他带着去北京报到的一行学生，先是从黄岩坐汽车到宁波，后换乘“闷罐车”到杭州、再换慢车到北京，前后历时六天。

所谓“闷罐车”，就是没有窗户的货车，美来和一车厢的人挤在一起，身边就是马桶，一坐就是几个小时。路上的辛劳让美来病倒了，一到清华就住进了校医院。

由此，美来开启了他的大学生涯。

## 大学（1955—1958）

为了培养工农干部，清华团委副书记找到美来，问他愿不愿意担任班长。美来欣然答应，也是这时才知道，他考上清华是有工农子弟身份的加分的，心中更添一层感恩之情。

1955年3月，大学一年级时，美来加入了中国共产党。

在清华，各地状元云集，农村来的美来感受到了教育资源的巨大差距。大学一年级，除了马列主义课和少数课程得5分（满分）之外，其余课程他都只拿了4分。在当时的标准下，这样的成绩并不理想。

最为头疼的是学画机器图纸的“工程画”这门课。美来只见过锄头，何尝见过机器？仅靠想象画图，简直难如登天。苦于没有任何立体几何的概念，他几乎把每个礼拜天都花在了这门课上面。

所幸，一如小时候遇到过的学业坎坷，美来凭着勤奋努力和一点天赋，用一年时间把成绩追了上来。作为工农子弟中罕见的优等生，清华大学校刊《新清华》专门撰文介绍了他的学习经验。

大三时，美来的坐骨神经出了问题，从上肢到腿的一半身子疼痛难忍，只得申请休学治病。学生处处长告知他，按照规定，休学就必须回家，并且取消助学金。

美来闻讯顿时蒙了："我回家吃什么？怎么治病？"

正一筹莫展时，他在路上遇到了清华大学党委副书记刘冰，美来上前汇报了他的困难。刘冰听说后让他放心，答应去安排美来留校和领助学金的事宜。美来于是得以留校治病。因为没钱坐车，他每周走15公里的路，从清华到协和医院做超声波治疗。这样治了两三个月，病终于好了。

**风波（1958—1975）**

1958年3月，美来提前复学，组织安排他担任汽0班（60届汽车拖拉机专业）的团支部书记。为了提高大学生的动手能力，学校开展教育革命，创办了清华大学汽车修理厂。老师是厂长，美来担任团支部书记——事实上的主要负责人。在他的带领下，汽0班的学生们在厂里一边学习，一边修汽车。

班里组织工作的频繁接触，使美来和团支部组委芬伦产生了感情。芬伦是天津姑娘，祖父是洋行的经理，世代行商。后来祖父病逝，芬伦家道中落，受学校党组织的支持，考上了清华。

芬伦的工作能力虽然不算突出，但是为人踏实努力、工作认真负责。在美来的印象里，芬伦就是这样一个忠厚老实的人，尤其听党的话。两个人在工作中自然而然地日久生情，一天晚饭后，美来突然拉起了芬伦的手，芬伦也没有拒绝。

1958年夏天，清华的政治课教师稀缺，校长蒋南翔决定从各系抽调政治辅导员担任教师，重建清华的政治理论课。1960年的一天，时任动农系政治辅导员和学生会主席的美来突然被学校通知去党委宣传部报道，要求他提前毕业参加工作。两个月后，美来又被调去清华政治课哲学教研组，担任助教。

突然的专业改变对所有人来说都是巨大的挑战，但美来毅然服从、毫无怨言，因为他觉得，自己既然是被党培养的，那么党的需要就是他的志愿。从《反杜林论》《唯物论与经验批判论》《路德维希·费尔巴哈和德国古典哲学的终结》，到《资本论》、哲学史和现代西方哲学的若干流派，他用勤奋和刻苦弥补了知识上的不足。

1964年，美来正带着汽车专业的学生在长春汽车厂实习，突然接到学校的电报，要求他马上回校。原来是中宣部在调研理论课的教研情况时，得知学生对美来的反映非常好，于是安排他在7月的“全国政治理论课工作会议”上发言介绍经验。

美来受到了毛主席的接见，他的教学经验被《人民日报》和《光明日报》接连报道。尤为让美来记忆深刻的，是蒋南翔校长的一句叮咛：“你们在聚光灯下，一定要谦虚谨慎。”即使拥有再多的光环，美来也只不过是哲学教研组的辅导组组长而已，短暂的荣誉过后，他又回归到了熟悉的教学工作中。

1965年，美来去怀柔工作，直至1966年6月才回到学校里。工作组找到美来，让他揭发蒋南翔和清华党委。美来却和工作组辩论，认为清华党委高举毛泽东思想，无可指摘。

工作组见无法令美来屈服，又找不到他出身和工作上的污点，只得以“态度不好”的名义给美来戴了“帽子”回家。清华大学工作组撤走后，美来参加了红卫兵，因为写大字报反对“打倒一切”和“鼓吹无政府主义的极左路线”，又成为了被批评的对象。一天傍晚，家里只有芬伦、母亲、5岁的儿子小刚和刚出生的女儿小毅，几个人突然闯进门抄家。他们正翻着房间书架，邻居们都走了出来，你一言我一语，有的说：“你们讲不讲阶级感情？看没看到贫农老大娘在睡觉！”也有的说：“他家都是老人小孩，你们这么做不合适！”几个人便灰溜溜地走了。

随着事态升级，美来举家回了黄岩老家。三个月后，工宣队和军宣队进校了，来信让美来夫妇回校。他们向好友借了55元钱，勉强凑足了和小刚三人的路费；又剩了10元给小毅，把她留在黄岩由母亲和四姐带。

1969年，芬伦随着大批清华知识分子被送到江西鲤鱼洲农场进行思想改造，美来则在学校工宣队工作。美来对自己的信念十分坚持，他的率直也使他得罪了不少人。工作组多次对他进行组织批判，还让远在鲤鱼洲的芬伦揭发批判他。芬伦却坚持信任美来。

1972年的春天，美来被发配到四川清华大学绵阳分校，他从绵阳给芬伦写信说："天生我材必有用。"这是他打心底对自己的信心，相信自己的学习能力和是非判断；他也相信—— 一个人只要抱定一个信念，靠着自己的努力，无论在什么样的环境里都是会开花结果的。

1973年，美来回京与儿女妻子相聚后不久，芬伦被查出得了血吸虫病。正值内燃机专业成立，学校希望芬伦能够去讲"发动机原理"课程。她担忧自己的身体难以负担这么重要的专业课，有些犹豫。美来却鼓励她去教课，自己承担所有的家务。

自此，每到周日，美来便端着一个大盆，装着一家四口的衣服去水房洗衣。同楼的教师见此景象，总是笑道："模范丈夫来了，快给他让地方！"女儿小毅后来也回忆起童年的这段日子，印象最深的就是每天吃饭时，爸爸永远会说："妈身体不好，肉给妈吃。"家里的香肠、鸡蛋、牛奶，也都要留给妈妈吃。可怜的小毅每当买了一根香肠，都要在家门外偷偷吃完，才敢回家。

## 平静（1976—1997）

1976年，组织给美来平反，他又回到曾经的政治课教学中，担任起哲学教研组主任。随着芬伦身体好转，她也承担起更多的家务。美来从来不吝惜对妻子的感激和溢美之词，总对人说："没有我爱人的自我牺牲和无微不至的关怀体贴，就不可能有我的教学和科研成果。"

1990年，美来从清华以教授的身份被调任为人民日报社理论部副主任兼党支部书记，而此前，他一直都在清华从事教育工作。这十几年间，美来几次被领导点名调去烟台大学、甘肃省委宣传部等领导岗位工作，但是清华也同样重视他，没有批准。

这些错失的机会对于美来而言并不是什么遗憾，他只知道，小时候看《三国》时诸葛亮说："淡泊以明志，宁静以致远。"这句话深深地影响着他的人生选择和人生态度。他对名利看得很薄—— 一切都是根据党的需要。

那些为世人汲汲所求的东西，于他而言，无非是多点钱罢了。名气都是虚的，钱够花就足够了——都是身外之物。

在人民日报社工作的日子里，不免有人来走关系以求发表文章。美来一贯回复："把钱拿回去，我才考虑发不发。不拿回去我绝不发你的文章。"

他名义上是理论部副主任，却实际上承担着一把手的工作事务。报社提出给美来转正时，有领导说，只有美来离开理论部才能提为正局级。美来向来与这领导自由化的政见有分歧，他坚持理论阵地绝不能搞自由化，于是放弃了提拔的机会，坚守着自己的信仰。

到了办离休待遇的年纪时，美来又因为一些人事巧合而被耽误没办成。许多人觉得他委屈，他却很释然："不过是一些经济损失，如果为了这点事情闹，身体反而搞垮了。"

他勤奋上进，却淡泊名利；有志向志气，遇到挫折也总想得开。

**退休（1998— ）**

退休后，美来和芬伦过着规律而充实的生活，两人的恩爱似乎从不曾被时间冲淡。美来主动担起一日三餐做饭的任务，因为芬伦的牙不好，他把所有的菜心都留给她吃。

结婚时经济条件不好，美来没有送什么东西，芬伦也没有嫌弃过他穷。直到条件逐渐宽裕，结婚25周年时美来给芬伦买了一只金戒指，此后，每逢五逢十的结婚纪念日，从珍珠项链到红绿宝石戒指，美来从不曾忘记一次。

2012年，芬伦的阴历与阳历生日恰好是同一天，美来为了给她写一帖毛笔贺信，花三个月时间临摹颜真卿的字帖，写了一百多遍。芬伦想参加报社的时装表演大赛，对文艺一窍不通的美来于是硬着头皮陪她排练、走秀、参加比赛——那是他第一次登台表演，老师也夸他表现得不错。2001年，美来需要做腿部深静脉血栓手术，进手术室前，儿女犹记得他叮嘱的一句话："照顾好你妈。"这些点滴都是芬伦念念不忘的幸福片段。她常说，美来是世界上最好的丈夫。

两人旅游、打台球、练字背诗、散步遛弯儿，日子过得简单而快乐。每每聊起现在的生活，美来总说："人老了要有四个东西：老本，老窝，老伴，老友。"

而他们全都拥有。

美来与芬伦合影

## 后记

我问姥姥，你如何评价姥爷？

姥姥说：“我和美来从1958年恋爱到现在相处62年，我深深地感到他是一个有深厚感恩思想的人，是一个有坚定信念而且勤奋的人，是一个责任感很强、有担当的人，是一个愿为家庭付出、为爱人着想的人，是一个性格直爽又开朗、不计较名利地位的人。”

“从穷小子到清华教授”，这个标题是姥爷为自己的回忆录拟的，碍于写作太过费脑，便一直没有下笔。

他说:“我经常想，如果说我这个穷小子怎么会有今天，那都是因为有许多人不考虑个人名利地帮助我。不能忘记过去。列宁说，忘记过去就意味着背叛。”

即便是现在，相片里的姥爷也永远露着两颗大板牙，和二十岁时照相的样子没什么差别，身上似乎还带着农民的质朴气息，依旧活得简单、纯粹而幸福。

# 山安在，林常兴

刘慧莹

每当别人问起我是哪里人，我都会将“大兴安岭”作为故乡这个词语背后的答案。虽然我几乎不了解那片土地的过往，甚至从未走进过那片森林，但我始终觉得，撑起我骨骼的是松树的枝干，我的血管里流淌的是山间清冽的雪水。

## “二十二岁”的大龄青年

兴安，在满语当中的意思是“极寒”，在大兴安岭这片极寒的土地上，有着中国最大的一片原始森林。

在最开始，任谁也想不到我们的家会搬到这片北边的土地，和林业打起交道。一大家子人都是普通到没法再普通的农民，唯一的例外是爷爷的二哥，他从部队转业之后被分配到了大兴安岭一个名叫塔河的县城，在组织部工作。从他口中，家里人知道国家支持林业开发，建设起来的林场条件好，工人收入也高。原本面朝黑土背朝天、打算在土生土长的地方做一辈子农民的老三老四老五兄弟几个，携家带口、卷着铺盖卷、提着锅碗瓢盆就一路向北到了林场，成了林场的工人。

1985年，林场的开发正是好时候，给工人准备的筒子砖房盖得整整齐齐，医院学校等基础设施一应俱全。在那个没有电子档案的年代，好多人为了以工人的身份落户，将年龄改小几岁都是常事。其中有个31岁的青年，在登记的时候硬生生给自己改到了22岁，最终成功落户，但这小了9岁的年龄让他至今都没达到退休的标准。没错，这个有点愣的“大龄”青年，就是我爷爷。直到现在，只要提起来这件事，奶奶都说爷爷傻，面对奶奶的埋怨，爷爷总是憨憨地笑着说：“你懂啥？我那是想多为国家做几年贡献！”

爷爷奶奶顺利成为了樟岭林场的工人，住进了林场的新房。没什么文化也不懂什么技术，就在贮木场做搬运木材的

我的爷爷，摄于栖霞山植物园

普通工人。当时各个林场都有自己的贮木场，其中盘古的是全国最大的一个，山上的木头被运到这里，在这里被分类、被切割、被打包、被运往全国各地。黑皮的火车厢开进来，绞盘机一趟一趟地运转，数不清运走了多少木材。

**机器轰鸣在冻土之上**

如果说林场很小，那人最多的时候一个林场只有两三百户的规模的确算不上大；如果说林场很大，那绵延的山和茂密的林也真是一眼望不到边。

在接近北纬50度的土地上，每到冬季，零下三四十度的天气将大地表面的一切都冻得结结实实，水洼成了大块的冰坨，嵌在一米深的冻土上，被阳光照得闪闪发光。雪一层盖着一层，大地的表面和内里一起变得厚实起来。这样连火药也不能轻易炸开的土地，才能撑起三四十吨的木材车，不至于如夏日一般，松软的黑土地被压过就会成为土坑，一边把车陷在里面，一边在外围崩塌。当严寒浸透了整片山林，进林采伐的工段就正式开始了这一年度的运作。找块相对平坦的空地，支上几个三四十平米的帐篷，再加一个简易的塑料棚车库，一个工段二十多个人，靠着山上的木材燃起永不熄灭的火炉子，一起在林里度过从十月到过年的整个冬天。

1993年，18岁的老爸从林场的学校毕业，进了工段，成为一个绞盘机手。“我的老本行就是开绞盘机的，不过工段里每个人都是全面手，哪个岗都能上。”回忆起这段的时候，原本歪在沙发里的老爸直起了身，眼睛亮起来了，声音也高了一度。林区山场工段的生活，是在严寒中度过的。有时候没腰深的积雪里，棉袜和棉鞋冻在一起，呼出的热气让睫毛眉毛都挂上霜，远远看上去每个人都像是白发老者。但工段的冬季也是暖洋洋的，汽油的燃烧伴着热火朝天的采伐，点燃了这里每个人的热情。每当夜幕降临，大山深处的帐篷里升起了炊烟，就代表着又有一批木材被运到了国家最需要的地方。

驻扎在山上的工段是木材生产链的最上游。两个油锯手和两个锯手助手负责将指定的树放倒，七八个人开着三四台“集材50”拖拉机把倒下了的“原条”拖到附近存放木材的楞场，那里的四五台绞盘机把一捆接一捆的木材装上运材车，集中运到山下的贮木场。贮木场接收来自附近各个楞场的木材，那里的龙门吊把运材车上的木材卸放到造材台上，检尺员根据材料的长短粗细材质等情况确定好尺寸，电锯手再按照检尺员的安排用电锯进行造材。而后，传送带会把切割好的长短不一的原木从造材台输送到贮木场当中的楞场。卸带工将不同类型的木材分类卸下，再由架杆机组把分好类的木材整齐归楞[1]，摆放好的木头最终由装车工人用绞盘机吊装到火车皮上。

1 归楞，在贮木场将分选后的木材按树种、材长、径级幅度和一定方式堆积起来的作业。归成的材堆称“楞堆”或“楞头”。楞堆因木材保存的要求和日后装运的便利有各种形式，有密楞、层楞、方格楞及捆楞，以密楞应用最广，并按大小头颠倒归楞。

樟子松，摄于栖霞山植物园

这过程听起来不过是一个并不复杂的单向流水线作业罢了。但当我试图从老爸口中获得更多细节时，得到的却是一句“你听了也写不出来”，以及紧接着的另一句“你就算亲眼看到也写不出来”。

他说“集材50”拖拉机的履带像坦克一样，能拖着比自己长几倍的树，在雪地里爬上极陡的山坡。他说绞盘机可以用绳子把一捆木材整个卷起来再缓缓放到车上，甚至可以用绳子拴在树上把自己“绞着”拉到山顶，如果车子发生了翻倒，也能用同样的方法从侧面把自己“绞”立回来。他说这些机器有很多已经被拆掉了，只有一小部分依然存在，但是再也不到山上去作业了。他说如今我能看到的只是一堆精密的鲜艳废铁，而不是在雪地里与木材为伴的轰鸣向前的活机器了。我不得不承认，他说的是对的。

## 大火烧出的小卖部

1987年，“冬天里的一把火”刚刚点燃了春晚的舞台，又在大兴安岭烧了起来。

5月6日，一个到林场干活刚刚13天的外地农民，在启动机器时引燃了地上的汽油，火势很快变得难以控制。经过一整夜的扑打，5月7日上午明火已经熄灭，但余烬依然在悄悄升温，几阵山风吹来，大火就在这时脱缰而起，引起1949年以后最严重的一次特大森林火灾。大火持续燃烧了二十多天，过火面积达101万公顷，其中有林面积近70%，烧毁房舍61.4万平方米。

类似的山火，每年春天天干物燥的时候都会发生很多起，规模有大有小，但都在可控范围之内，林场的人们早已司空见惯。但是这次的火，仿佛不是烧起来的，而是“飞起来的"。火最开始从古莲林场烧起来，风吹着火焰蔓延成片，跨过河流，从这边的林烧到那边的林。不久，图强、塔河、阿尔木、西林吉几个林业局所属的几处林场也同时起火。

10号左右，大火从侧面逼近了樟岭林场，距离住处百里左右。爷爷之前就已经加入了上山扑火的职工队伍，剩下在家里的人都收拾好了贵重物品，时刻等着广播通知。

一旦大火蔓延，大家将立刻跑向学校的操场，那里是难得的没有易燃物的安全地带，可以作为进一步疏散前的聚集点。这样的紧张状况在樟岭持续了三四天，平时宁静的林场夜晚在那几天也变得灯火不熄，人们时刻关注着大火的最新动向。所幸最后，大火在二三十公里远的地方止步，在吞没了那里林业局的房屋和木材之后与樟岭擦身而过。

经历过大火的家人告诉我，在这样的灾难面前，除了害怕的本能，其他的意识都显得单薄了——"火太大了，啥都不敢想。"当大火过去之后，人们心中最深刻的感受就是劫后余生的庆幸和如释重负的喜悦。这场大火敲响了森林防火的警钟，在机关单位的一份份文件里鸣发出了极大的声量，甚至影响了全国范围内山林防火工作的进程。而对当地林场人来说，这场大火在他们心里留下的印记，至今依然刻在他们对这山林的每一分敬畏里。

大火过后，山上的树死了不少，有些没被完全烧毁的依然是可用木材，林场的工人们在清林时多了一项任务。国家派的善后队伍也上山了，这片土地从未如此热闹过。人最多的那半年，奶奶在家门前的偏棚里开了个小卖部，我感叹奶奶很有商业头脑，家里人却都不以为意："火都过去了，自然要好好过新的生活。"

## 小树也已枝繁叶茂

20世纪90年代以来，国家对山林开发的限制愈发严格。1996年开始，集中开发就渐渐减少了，只保留小部分的开发承包给个人负责，林场的工人开始大量下岗。到了20世纪末，林场的人只剩下了原来的十分之一左右。2012年，大兴安岭进入全面封山育林的阶段，林场的开发工作到这里就基本完全成为了过去式。过去的一段时间里，我一直以为限制开发是因为前期的开发给这片原始森林带来了无法挽回的破坏，但其实，这片山林不断经历着失去，也始终满怀着收获。

林区的采伐是从五六十年代的“弯把锯”和“大肚子锯”开始的，到老爸上山的那个年代已经是“85油锯”的天下了。“油锯一响，黄金万两”，听起来仿佛伐树的工作就是工段工作的核心，但在很少有人注意到的地方，工段里和工段外的其他人，都在默默保护着这片山林。

每年采伐前必不可少的步骤是“调查设计”。夏天的时候，就有专人上山勘察，丈量好要开发的片区。无论是“小面积皆伐”还是“间伐”，不同的林班负责区域的分界线、百米内拖拉机能开过的三条道路、用于存放木材的楞场空地等都是要按照设计规划进行的。他们还要将片区内的每棵树都检查一遍，来决定对它的安排——树根以上一米三的地方是“树腰”，树腰的直径达到36厘米及以上的树才可以被作为木材放倒，其余的树则要让它们好好生长。冬天进入工段的工人按照夏天留下的记号一步步进行工作，砍伐的工人放倒成材的大树，清林的工人紧随其后对砍过的林地进行修整，把倒了的小树和废枝放在地上“堆腐”，等待着开春之后成为这片森林的新肥料。当夏天又来临的时候，会有另一批人上山清林刨坑，用当地落叶松的树苗将被砍伐过的土地重新覆盖成绿色。

除了怎么伐，伐下的树怎么用也是个逐渐演进的过程。最开始，工段的树会被拖拉机运到楞场，在楞场被统一切成四米长的“筊子”，用人工抬到装车场装车后拉到贮木场。后来，工段与贮木场之间的运输通路不断完善，能开到山上的车越来越大，特殊运材车能将三四十米的“原条”直接拉下山。工段每天能运出的木材从一车十吨“筊子”、每天五六车，变成一车三十来吨“原条”、每天三四车。这些“原条”被带到贮木场，在那里进行进一步的切割，贮木场的切割方式不只限于四米，而是能根据木材的条件和实际的需要进行不同长度的分割，大块的木材当作边角料被丢下的现象越来越难见到了。

这样的变化一直都在渐渐发生，在很多地方，机器代替了人工，灵活代替了死板，质量代替了数量，绿荫遍野代替了无边荒原。对山林每一寸土地的保护都愈加周到，即使是被1987年大火掠过的土地，在上面新栽起来的树也已经有二十多米高了。

## “都柿”“松塔”和“雅格达”

兴安岭的山是个宝库，高的树成材，低的树结果。每到七月底八月初的时候，山上的一些地方就会被一米左右高的藤蔓覆盖上大片的蓝。小小的果实一粒一粒，从里到外透出深邃的蓝紫色，当地人管这种小果叫“都柿”，外地人则称它为“蓝莓”。每年的这个季节，林场“凡是能走能动的人”几乎全都加入了上山采摘的行列，有摩托的骑摩托，能拼车的拼车，什么都没有的，走着也会走进山里。

林场里的人，早上三点就着天亮起床，花两三个小时赶到山里，开始一天的采摘。蓝莓在火烧过的地方往往愈加茂盛，拿着带齿的撮子从下往上撸几下，整个撮子就盛满了圆嘟嘟的果。到下午一两点的时候，采到的果子基本就已经多到拿不动了。这个时候，老爸背着装有三四十公斤蓝莓的塑料桶，妈妈提着约十五公斤的两个小桶，一起慢慢走下山去。

野生的蓝莓果是没法洗的，就算是轻轻地揉搓也会破掉，实际上也不用洗，山里的雨雪把一切冲刷得干干净净，灰尘都被树木拦截，人为的清洁在自然的纯净面前都显得多余。水汪汪的果实在桶里盛得久了，彼此就挤破了，等下了山遇到工厂开着车来收的时候，人们就将果子连皮带汁地从原来的桶里倒进更大的桶里。成桶的蓝莓被直接运到工厂的冷库里，等待着被进一步加工成蓝莓干、蓝莓酒、蓝莓饮料、蓝莓膏……

刚摘下的新鲜野生蓝莓，一公斤能卖二十几块钱，不用工具只靠手摘的那种，品相更好，价格更高。在月工资几百块的世纪初，两个人经过一天的采摘就能赚到平时两个月的工资。正是这样好的收益，使得在这不到20天的时间里，不仅林场里的人全体出动，还吸引了不少外地人在山下找地方搭帐篷住下，加入采摘的行列。很多外地人初来乍到还不了解蓝莓的习性，采摘时为了省事将整个秧直接砍下，但是蓝莓的秧是茎不是叶，遭到这样破坏的整株苗会直接死亡，这一片地第二年就不能结出新的果子了。后来采摘逐渐成了规模，人们都有了经验，这样的事也就不再发生了。

在蓝莓成熟之前，三四月份的时候山上长的是树莓；等蓝莓的季节过了，另一片地上的“雅格达”，也就是蔓越莓，就紧接着成片成熟了。从气温开始回升一直到山林被冰冻之前的短暂暖季里，各种各样的果子接连成熟，在林场闲暇的时候为人们提供了收入。

可供采摘的除了果子，还有马尾松的松子。与笔直高挺的落叶松和樟子松相比，马尾松不成木材，最高的只有三四米高，更多的都是一人高的树，而松塔就挂在伸手就能摘到的地方。可这样好摘的树偏偏长在离住处很远的地方，想要摘松塔的人每天早上六点出门，直到晚上六点回来，一整天里真正留给采松塔的时间只有一个小时，除去吃饭的时间，其他时间基本都花在上山和下山的路上了。

直到现在，每年夏天依然有一批批人走进山林去“采山”，在采回来的果子和松塔里挑些好的晒干之后留给家里人。远远望去，家家户户铺着果子的院子都是一样的颜色。现在人们都住进了楼房，虽然山上的蓝莓依然年年有人采，但没了可以晒的地方，这样的景象也再难见到了。

## 我未入过那片山林

从1985年到2008年，我的家因林业而搬到那里，最终也因林业而离开。从樟岭林场到盘古林场，再到后来的塔河县，我的家人基本见证了大兴安岭的林业开发从慢慢兴盛到

塔河县冬景

日渐式微的完整过程。细细算来，对家里的每个人来说，在那里度过的时间都只是一生当中的一小部分，但我们都已经将自己视作属于那片森林的人。

我的家人们有着许多专属于这片土地的经历——经历过漫山遍野大火的炙烤，也经历过被没胸的冰雪封在腊月的山里；经历过一年里七个月的冬季，也经历过一天有十六个小时白昼的盛夏；经历过从农民走进林场变成工人，也经历过和林场的告别，到新的地方谋求生活。这些经历虽然并不是我的经历，但是我住过的房子，有着齐整整的木制栅栏；我荡过的秋千，挂在密不透雨的木棚上；我窝在其中看雪的火炕，点燃它的尽是松枝的清香。

在我的脑海中，这片土地永远以盛夏的形态出现，它哺育的森林永远郁郁葱葱。想象的画面里，我站在林间，阳光落在清凉的风上，压着我的血肉，向下融进这片黑色的土地。我仿佛能感受到，远处的炊烟，正呼唤着林场里结束工作的人们回到属于他们的温暖的家。

# 跟水较劲——虎头沟水库串联起的三代白河人

周杨

爷爷说："下一场雨，山里的水涌下来就涝；不下雨，留不住水，旱得厉害的时候吃水都难，更不用说浇庄稼了。雨来了躲水，雨过了缺水，这辈子就跟水较劲。"

爷爷名叫周德庆，1949年四月初七出生于白河镇云泉村的一个中农家庭。"白河"和"云泉"都是鲁东南山区许泽县的河名，云泉河是"白河"的上游。白河镇少雨缺水，从九仙山流出来的云泉河河床淤得厉害，存不住雨，一下暴雨就发大水，十年有九年非旱即涝。

爷爷出生的那一年，有省城里的知识分子带着学生来许泽搞经济调查，连带着弄了台"斯大林"拖拉机表演耕地，以此展示社会主义的美好前景，恰好叫去赶集的老爷爷（爷爷的父亲）撵上了。原本只见过私塾先生的老爷爷自此大开眼界，把六岁的小儿子也就是爷爷送进白河小学时，希望他也“造个机器出来”。可惜，当时的白河小学几乎就是个放养孩子的识字班，尽管爷爷小时候聪明，识字比别的小孩都快，但才上了三年就从白河小学退学，跑去县城了。老爷爷看爷爷上学学的东西没啥实在用，也造不出机器，既然他能识字、会算数，已经不是“睁眼瞎”，索性不再管他。

之后云泉村被划进了许泽山公社，爷爷回村之后也没有继续学业，入了党后开始与绝大多数农村劳动力一样种地挣工分，跟奶奶成了婚。那几年许泽县天灾尤其厉害，不说旱灾涝灾，有一年下了六次冰雹砸死十多头耕牛，还有一年闹土蚂蚱把庄稼吃秃了，粮食几乎绝收。几个老人说公社革委会是“作麻煞”（没事找事、背离天意），招了菩萨埋怨，革委会拿着扩音喇叭对着他们耳朵高喊“人定胜天”。

许泽县是山区，蓄水费劲，就从50年代末开始大兴水库建设，公社吃上了水不说，浇地也有了着落。但是白河的水库不好修，县里在50年代和60年代分别派人来勘测了一次都说难办。但本着“克服困难、创造条件”的精神，虎头沟水库工程终于还是在1975年轰轰烈烈上马，成立了水库工程指挥部。那年许泽山公社改名叫白河公社，爷爷27岁。

爷爷这辈子当的最大的官，就是修水库的时候管着许泽一中义务劳动的一群学生，当了个“工程建设突击队”队长。工地集结了全县的青壮劳力，包括许泽一中所有师生，轮番扛着红旗唱着歌，步行20多公里去虎头沟工地进行义务劳动。因为是“学工、学农、学军”的工农兵学校，编制是按照军队来的，一个班为一个“排”，三个班为一个“连”。爷爷带领的所谓“工程建设突击队”，就是学习50年代十三陵水库建设的经验，挑又红又专、积极性高、能吃苦的青年组成英雄突击队展开劳动竞赛，弄得也倒像模像样。十三四岁的初中生每周能砸700多公斤石子；冷天的时候就得砸开冰，站在水里扒开石头填上黄泥，而填坝心的黄泥要十多个学生一组从刘疃挖过来，男的拉车，女的装车，拿小车推上二三公里推到工地。

爷爷在这之前闸过山沟、搞过水土保持，当时的队长——是村里的木匠，也是白河小学的算术老师——收了他当徒弟，教他石匠木匠用得着的测算。爷爷是捣鼓木头石头的一把好手，主要得益于他脑子灵光；他之所以能当上队长，多半也是因为他是个“会算账的”（许泽人把算术算得好的都叫“会算账的”）又是党员，好歹能核算土石方也能搞测量。爷爷最初是不情愿的：他想去炸山，点火放炮；但是人家嫌他太粗心，而用碾子磨硝铵、自制炸药、挖炮眼、放雷管都是细活，来不得半点马虎，当时有一个地方修水库就炸死一个不当回事的，从此全县工地再不敢轻率怠慢。

好在爷爷很快就适应了他的任务，并且为他“会算账”无比自豪。当时随队劳动的一位一中老师告诉他，“大跃进”的时候许泽县没有电工，有一个农机厂的工人造了土发电机，还去见了毛主席，毛主席夸他“你是个真正的土专家”。从此爷爷就开始以“土专家”自居。一次县里文宣队来工地唱样板戏，学生们把“土专家”介绍给他们时，一个青年颇为不屑地告诉他“学过工科的知识分子才叫专家”，他就跟人家急，拉着青年非得让大家评理，不让他走，直到文宣队队长出面来道歉，劝他“算了算了”才作罢。不过说实话，爷爷土办法还真挺多。举个例子，虽然看不懂图纸，但是他拿着一张1∶10000的地形图能知道上面单位的面积，奇不奇？爷爷说，那是因为手指大约是一个平方厘米，手掌是一个平方分米，这不比拿着尺子量来量去、算来算去管用？

1976年白河又旱了一次，四个月没下透犁雨，爷爷着急粮食和地，也焦虑水库能不能快点建好，山上刷的“愚公移山、改造中国”“备战、备荒、为人民”“战天斗地”的标语更让他倍感焦灼。学生们积极倒是真的积极，有擦坏手的、铲破腿的，还有人拉平车拉得太满，坡陡跑得快，一不小心人仰车翻摔断了腿，好长时间才养好。可爷爷的口头禅是“反了你了”，管学生管得严，又要求中午吃饭不能超过一个小时，学生都有意见。一次一帮学生故意跟他对着干，硬是拖着不上饭，他好说歹说也没说动，只好跟着他们饿着肚子干活，恨恨地骂一句“这点苦都吃不得”。

爸爸叫周展鹏，出生于1972年。因为爷爷是党员，执行70年代初期“一对夫妇两个孩，两胎间隔四五年”的计划生育，所以只有姑姑和爸爸两个孩子，在男丁数量代表家庭势力的农村可谓十分吃亏。而万人奋战如火如荼的三年正是爸爸的童年。爸爸现在留下的最早的记忆，就是一场暴雨几乎要把家里屋子给冲塌了时他在屋里哭叫，而爷爷却在工地守着水库——他想赶也赶不回来，工地离云泉村好几公里，更何况爷爷觉得没必要回来：“得亏没塌，我要是回来了该塌的就不塌了不成？”

对爸爸和云泉的绝大多数农民来说，建设中的虎头沟水库对生产队的吃水问题于事无补：几百号人吃水照样得围着仅有的一口井转，还有邻居因为下井舀水受重伤。对粮食产量也于事无补：一强调向国家多卖粮、作贡献，就容易虚报产量，而产量报得越多，出力越大，缺粮食缺得越厉害。云泉号称亩产过吨，人均向国家交200公斤粮食，有时却要向外队借瓜干吃。

本来爷爷觉得这些抱怨简直毫无道理，毕竟修完水库这辈子就不用再跟水较劲了，可1977年过完年之后也没叫他们返工，当年春天修水库就没有下文了，“土专家”最后也没能“人定胜天”。水库最终停工的直接原因是清不了坝底，清不了坝底的原因是潜在的渗漏和岸坡坍裂风险。按照原来的施工方式，上游水位一抬高水压就大，水就会把土方掏出个空洞来。水一旦往缝缝里钻，就要白白流掉、渗掉。眼看着清底遥遥无期，钱和物资也批不下来。虽然爷爷在今后的几十年间不断地听人解释真正的“专家判断”，对虎头沟的“破碎带”“断裂带”是全国罕见的难题一清二楚，但他始终坚定地认为这不是干不了，而是因为毛主席去世了。

毛主席去世的几年后，爷爷回到了他分到的一亩三分地上干农活，学了蘸糖葫芦的手艺到集上去卖，有时也会“重操旧业”，去帮着做做木工活、盖盖房子。当初爷爷没多生几个儿子，现在后悔了。

爷爷想让爸爸读工科，成为真正的专家，可爸爸讨厌与工科相关的一切学科：数学、物理、化学，却喜欢语文和英语。爷爷觉得爸爸学不好数理化是不务正业，但爸爸非但没有不务正业，反而属于那种“不要命”的学生：所谓“不要命”就是只留一口气参加考试。和不少山区学生一样，爸爸也是每晚脸被煤油灯的烟熏得黢黑黢黑，早上洗脸鼻孔都是黑乎乎的；每次往返学校都要走几公里路，为了携带方便和省钱，主食是地瓜面子煎饼就咸菜疙瘩，吃多了烧胃，间接导致爸爸和他不少同学中年之后都得了胃病。小升初时爸爸以白河镇第三的好成绩考进许泽一中，却整天想着如何赶紧考出去工作。中考报志愿时爸爸没有填报许泽一中的高中部，而是赌气报了师范学校。出录取结果的当天，书记见了爷爷就向他报喜，爷爷惊得话都说不出来，回去拿树枝子把爸爸抽得嗷嗷叫，之后也无可奈何地放他走了。

爸爸上师范的时候正值对爷爷憋着一肚子火的叛逆期，

觉得大修水库根本就不值当白河镇费那个事，依据之一就是：云泉河的旱涝问题不是靠修水库解决的，而是靠改革开放后的小流域综合治理解决的。“文革”最后几年全县以粮为纲，砍了不少林子，什么石头地上都开荒，之前搞的水土保持工程也都荒废不算数了。再加上大包干之后集体经济变成单干，不少原本就建得匆忙的水库因为疏于管理也开始淤积。最夸张的一次是1985年，一场大雨直接把邻村水库给淤平了。后来镇里也不修水库了，从云泉河开始慢慢干一系列小工程——裁弯取直、加深河床、砌石护坡，还建了气象站、水文站监测，已经二十多年没有大涝灾了。不过当时爸爸没想到的是，白河镇灾害得到缓解其实也与退耕带来的生态改善有关——劳动力都往县城和大城市里跑，原本毁林开出来的坡耕地没人种了；而云泉农民吃尽了粮食广种薄收的亏，多数都不怎么种粮了，改种烟叶；爷爷虽然抽烟但不想种烟叶，就索性把原来的副业当成了主业，山楂下来的时候就蘸糖葫芦，要么就满许泽县窜，找工地干活。

当然，最后爸爸也理解了爷爷的纠结和郁闷。爷爷觉得当“土专家”的几年是他人生最光荣的几年，村里的老汉却觉得爷爷迂得像个潮巴（傻子），他为此没少发脾气。还有一次爸爸从师范回来时，居然看见家里桌上摆着一本《十万个为什么》。问他哪里来的，说是从白河小学老师那借来的。爸爸不吃这一套，觉得爷爷怎么可能拉下面子去找小学老师借小孩看的书，再三问他之后才承认是去供销社买的。爸爸觉得简直是不可思议，爷爷的文化水平能看进去才翻了天，不过也没怪他乱花钱这码事。

爸爸1993年参加工作，去县城职工子弟小学当了数学老师兼体育老师，带校篮球队训练，又于1997年与在纺织厂做工的妈妈结婚，2001年当了爸爸。

爷爷知道妈妈生了个女孩的时候一度非常失落，并不是因为传统意义上的重男轻女，而是觉得女孩不是学理工的料。童年在老家的时候，爷爷就经常念叨我“学好数理化”，以至于耳朵已经听出老茧的我在父母面前管爷爷叫“数理化”。可能遗传了爷爷和爸爸的某些特质，小学中学的我一直成绩拔尖；然而相比分数，爷爷更关心我读了什么专业，即便他的孙女考上北京大学，他还是因为我读了文科而耿耿于怀。高考录取结果出来之后，村里好事者怂恿爷爷赶紧请客吃饭，爷爷居然说了一句“知识越多越反动”。虽然知道他这是说的气话，我还是觉得有点好笑，问他：“那你当‘土专家’是不是有知识？”答曰：“你那是假知识，我这是真知识，毛主席批的是假知识。”

2007年，也是我小学入学的第一年，县委县政府决定重启虎头沟水库建设。这个项目再次上马的决定性原因，是争取到了山东烟草系统水利基金的专门投资支持——现在的百合镇已经成了烟区，而虎头沟水库的项目成了推动烟农增收致富的“烟水惠民”工程的一部分。这次的建设全部是机械化作业，据说为了对付断层、进行混凝土灌浆，还请了国外专家会诊，几次改动施工方案。当时爸爸还问过爷爷的看法，得到的回答是：“大茂庄唱的《红灯记》——够呛。”

但不管爷爷怎么想，2014年虎头沟水库最终还是落成蓄水了。第二年，虎头沟水库成了许泽县的备用水源，也成了当地名山风景区的一部分。每天电动船载着外地游客在水面上来来往往，一趟收五十块钱，景区停车场附近也像几十年前会战时那样刷着标语，内容变成了“新时代许泽精神”：自力更生，艰苦创业，挖山不止，拼命硬干。爸爸好几次提出带爷爷去水库看看风景，但爷爷每次都拿“蓄水之后我自己又不是没去过，又不是没见过水库，有什么看头？”来搪塞，也不知道他是真去过还是不想去。

爸爸在许泽一中上学的时候，前任校长的两个非著名论断被传为笑谈：“什么是浪漫？浪漫就是吊儿郎当，就是耍流氓。”“什么是许泽人？许泽人就是实在人。”前者是他针对部分学生头发打蜡等现象大动肝火，已经成为了历史的记忆，可后一个论断却称得上历久弥新。

高中时，地理老师觉得我是他有史以来见过做题最多的学生，这么拼命迟早得把脑子烧坏，于是为了给我们“调剂心情”，在一次水利建设的专题课上放了县里拍的虎头沟水库的小短片。视频点开的瞬间，我感到某种奇妙的呼应：三代实在的白河镇人跟水较劲，最终把水驯服；就像我们跟彼此较劲，最终像水一样融入彼此的历史之中。

（文中人名、地名均为化名）

# 鞋垫、馕、煤矿和艾德莱斯

娜菲莎·艾尼

过两天就是肉孜节了，家里的洗衣机和妈妈就没有消停过。肉孜节是维吾尔族第二重要的节日，2020年因为种种原因，我们不能去到托克逊的姥姥姥爷家过节，大扫除后的屋子里很干净，也有点冷清。

因为节日是根据伊斯兰教历定的，所以我也不清楚每一年的节日具体是什么时候。每次妈妈给我们全家买回来新衣服，说“这些衣服先不要穿出去玩啊，等过节了去托克逊姥姥姥爷家穿”的时候，我才意识到，啊，肉孜节要到了。

每次肉孜节去托克逊姥姥姥爷家，还没进院子，在村口就能闻到很浓的节日味道。家里的女性长辈们都挤在厨房，用半米长的树枝筷子在油锅里搅拌着炸出馓子，捞出来馓子后再在油锅里炸一炸有“小肚子”的包尔萨克。每一个维吾尔族人家里都有一柜子的玻璃器皿，平时就静静地待在柜子里，等到过年过节，它们就会从柜子里出来透透气。小孩子的任务就是把这些精美的玻璃器皿拿出来小心地擦拭一遍，拿出葡萄干、巴旦木、薄皮核桃、无花果和大枣等倒到中型的玻璃碗里，大盘子则是为馕和馓子准备的。

等到客人来了，锅里热着的手抓肉和羊杂碎就上桌了。姥爷那一辈的男性几乎随身携带着一把英吉沙刀，把大块的肉切小了给我们小孩吃，姥姥她们去给每一个人舀羊肉汤喝。馕、肉、汤在餐桌上传递着，话题也交换着。因为长长的餐桌是铺在板床上的，坐垫是精心缝制的柔软的床垫，所以聊天环境很舒适，大人们一聊就是一下午。在我的印象里，他们总是很少聊过去的事情，关于家史的内容我几乎没有怎么听到过，他们的话题总是围绕着圈养的牛羊、作物的收成还有家长里短。对这些不感兴趣的我就跑出去跟村里的小孩子们玩，去用嚼碎了的馕喂猫，去田里摘苞米，去马路边打陀螺。节日当天的孩子们都活力满满，女孩子们都穿着新的艾德莱斯裙，编着麻花辫。

## 鞋垫

姥姥姥爷说他们那个年代的肉孜节也是这样，不过条件没有现在这样好。新疆虽然以瓜果闻名，但是那个年代过节的时候，因为保存条件的限制，家里都很少能看到新鲜蔬果的影子。

母亲家里世世代代都是农民，在克尔碱的小村子里，生活没有太多的动荡，很平静。克尔碱就是吐鲁番地区托克逊县的一个小镇，若不是这次回乡路上妈妈给我指了指公路两旁雅丹地貌里嵌着的一排排小山洞，说这些是当时抗日战争时为了躲避轰炸而挖凿的，克尔碱在我的印象里一直就是一片与外界隔绝的桃源。但事实上，20世纪三四十年代的新疆以它独特的地理位置，成为了抗日战争的“大后方”，为支援前线和抗战胜利做出了巨大的贡献。即使自己的日子都过得紧紧巴巴，质朴而爱国的新疆人民还是展开了一场场抗日捐献运动支援前线。这可能也是听不懂汉语的姥爷也钟爱抗日题材电视剧的原因吧。

在1937年成立的新疆民众抗日救国后援会中，托克逊是总会直属的第十一小组，隶属于新疆民众抗日救国后援会，在抗日捐献运动中发挥着重要的作用。寒衣运动就是众多抗日捐献运动之一，是为前线抗日战士捐献在冬天保暖的衣物。外曾祖父是个心灵手巧的人，经常在家里进行一些小手工，编编竹篮、纳纳鞋底和做做鞋垫，现在家里满含高科技味的空调上还放着外曾祖父编的竹篮，里面还放着一束花。结束农活后，外曾祖父就常常去集市上卖这些玩意补贴家用。姥姥告诉我，她自己也帮着外曾祖父纳了好多鞋底，做了很多衣服和鞋垫，在寒衣运动的时候捐了出去。原来这个我道出名字别人都要问第二遍的小镇，曾用自己的棉花与针线，温暖了远方抗战中的人们。

## 馕

关于抗战的故事，多是家人们封存的记忆，抚额许久后回忆出来的。他们侃侃而谈的，多是过去那些清贫的日子，尤其是母亲，过去一二十块的薪水，一分钱的冰棍，没有水果的冬天，以泥巴为玩具的童年。这应该是为了让我们明白过去的日子有多么不容易，现在不愁吃喝的生活多么来之不易吧。这些忆苦思甜中，关于“吃”的尤其多。

克尔碱外曾祖母家废弃的馕坑

馕是具有新疆特色的食物之一，它在维吾尔族心中占有“可以一日无菜，不可一日无馕”，“一日不吃馕，两腿直打晃”的地位，同样，馕也是古老维吾尔族文化的见证，新疆古墓葬考古发掘表明，馕作为一种食物早在唐代就已在当地普遍流行，妈妈和姥姥姥爷提及过去的生活，馕总是不可少的。

馕的制作，在我看来，不仅仅是创造食物的过程，更是增进家庭感情和促进邻里关系的过程。当时整个村子的条件都十分差，能够盖起馕坑的只有几家，由于外曾祖父的勤劳吃苦，家里条件相对不差，盖起来了两座。因为村子很小，一家要做馕的消息很快就能传到村里的家家户户，没有了馕饼库存的或者闲着无事的人家就会聚到要做馕的那一家里，一起和面、揉饼、压花。与现在街上的维吾尔族馕店不同的是，当时做馕的都是妇女和女孩子。

当时的维吾尔族农村家庭仍保持着男耕女织的传统劳作模式，当我向母亲询问外曾祖母的职业时，母亲以一种“你在想什么”的疑惑表情和语气回答道：“外曾祖母没有工作啊，就是家庭妇女，当时的女子是不在田里干活的，最多在家里的小手工业方面帮帮忙，外曾祖母和姥姥就常帮着外曾祖父编编竹篮和做做鞋垫。”在当时的农村，女性的社会地位较低，女性群体的独立意识、自我意识也尚未觉醒，早婚、包办婚姻等都是她们不能逃脱的命运。经济文化的落后是主导原因，许多文化习俗也是维吾尔族乡村女性的沉重枷锁。虽然我国妇女很早就开始了打破封建禁锢的运动，但是直到今天，维吾尔族女性的社会地位、家庭地位的提升仍旧有很长的路要走。

在男性忙完了一天的农活回到家里的时候，奶茶加馕的搭配总会给予他们胃和心理极大安慰。在准备晚饭时，总要讨论的一个小话题就是，今晚吃啥馕。馕有50多种，艾克曼馕、库徐克馕、托咯西馕，等等，它们的主料也是品类繁多。但是由于家里的贫穷，母亲说，当时家里做的大多都是以黑麦为原料的馕。相对于现在的白面馕，口感较粗糙，但是就是这样粗糙的馕，伴随了母亲简朴的童年——在县城读寄宿高中的母亲每周末去上学时书包总是鼓鼓的，书不多，但是有五六个馕，在图书馆整日学习时的午餐是馕和白开水，在田地里帮姥爷干活间隙嚼着垫肚子的零食是已经干了的馕和麦穗。母亲是这样，其他贫苦的维吾尔族农民也是这样，不过，有馕陪伴的他们，依旧有着旺盛的生命力。馕在维吾尔族文化中超越了食物本身，它们是日常交往中的礼物，是宗教仪式中的媒介，是圆满人生的代表，是维吾尔族人民繁盛的生命源泉。

**煤矿**

母亲的童年记忆多是关于那个黄土盖的小院和散落着谷子的田野，等到县城上了寄宿初中后，姥姥姥爷在克尔碱煤矿的职工食堂找到了一份工作，所以母亲之后的家庭记忆，多围绕着这个小食堂和煤矿。

新疆的工业起步较晚，基础也较弱。1949年新疆和平解放时，工业发展基本一片空白，仅有一些零星的工业企业，其实也仅是设备陈旧的小工厂，人们的各种日常生活用品、生产工具等，都要依赖中部、东部地区或从国外进口。直到1951年，在国家“一五”计划的指导和驻疆人民军队的帮助下，新疆在八钢戈壁滩上建起了第一座高炉。后来随着对新疆地质的探测，它丰富的矿产资源逐渐被发掘，煤炭工业的发展也逐渐步入了高速轨道。其中，姥姥姥爷居住的克尔碱地区就属于煤炭资源丰富的地区，外曾祖父也曾在煤矿工作过。

姥爷回忆道，外曾祖父时期的煤矿条件十分落后。煤矿工人们首先用锄头等工具将巨大块的煤敲碎成小块，再背到背上，一人几十公斤，再用木板车等工具将它们拉上来。到了姥爷的时期，煤矿开始现代化了，开采时多使用炸药，将矿产炸碎，再使用在铁轨上行进的矿车将矿产拉出来。现在的煤矿已经逐渐朝着自动化的方向发展，煤矿的开采也是由机器操作，煤运出时采用的是全自动化的皮带传送机，效率大大地提高了，人员的伤亡率也大大降低了。

当时落后的条件下煤矿工人们的保护设施也十分简

现克尔碱地区煤矿之一

陋，像样的只有一个头盔。在母亲的印象里，从矿里出来的工人从衣服到四肢再到脸，只要是裸露的皮肤，都布满了煤烟颗粒，黑黢黢的，只有眼白和笑时露出来的牙齿是白色的，他们在食堂狼吞虎咽时抓起的白色大馒头上都印着黑色的五指印。

令我母亲十分惊讶的是，即使工人们的工作环境恶劣，工作量巨大，但是他们总是保持着高度乐观和积极的心态。下矿时总是一起唱着歌，作业时也是如此，在背煤时也是互相帮助。饭间和工作结束后是最热闹的。即使累到直不起腰、两腿直打颤，他们在吃饭时的玩笑和打趣也停不下来。

下班后更是围坐在一起，喝着奶茶就着馕，弹着冬不拉唱着歌，他们之间总是萦绕着欢声笑语。因为他们知道，靠着这个煤矿，这个小村子的美好未来就在路上了。

在维吾尔族人民的骨子里，就流淌着勤劳踏实肯吃苦的血液。在经历了兵败西迁、外族骚扰和剥削统治后才迎来解放，在国家的引导下从长期封闭、自给自足的绿洲农业慢慢发展到现在完整的特色产业体系，他们总是对国家抱着满满的期望，对自己的生活保持着满满的热情。

## 艾德莱斯

提及传统的新疆维吾尔族姑娘，人们印象中浮现的都是深眼窝、高鼻梁、花帽子、麻花辫和艾德莱斯裙。在当时小村子里的维吾尔族姑娘心里，艾德莱斯裙只是漂亮的小裙子，而现在的艾德莱斯裙背负了很强的文化使命，作为维吾尔族服饰技术、民族文化风格的代表，是文化“走出去”的媒介。

小农村的艰苦条件并不允许人们长期穿着高档的面料和劳动投入量很大的服饰，所以母亲的艾德莱斯裙只有在肉孜节和古尔邦节才能穿出来，姥姥的缝纫机在节前也是忙碌异常。

艾德莱斯的丝绸十分讲究，其中蕴含的是维吾尔族古老的扎染工艺、严格的工序，和纯天然的染料，就像石榴皮、彩色矿石等。每次节前要做新裙子的时候，妈妈总会牵着我的手去制作艾德莱斯丝绸的老手艺人那里挑选自己喜欢的布料。艾德莱斯布料成品一般为40—50厘米幅宽，被裁成每段6.2—6.5米出售，恰好是一件连衣裙所用的面料，出售时，只按块不按米，这是艾德莱斯特有的售卖方式。由于家里条件贫苦，裙子都是布料买回来之后姥姥自己缝制的。母亲在姥姥做裙子的时候就时刻围在缝纫机的左右，看着线随着机头上上下下地在布料上游走，心里十分期待穿上它的模样。在裙子做好后，母亲总会忍不住提前穿上，在镜子前摆弄着，节日前的夜晚也会激动得睡不着，想着明天可以与好朋友们一起穿着漂亮的新裙子跳舞，比谁的裙子转起来裙摆甩得更大更好看。

艾德莱斯裙在颜色上总能给予人很大的视觉冲击，靓蓝色、大红色、明黄色、翠绿色、深紫色，甚至黑色都可以出现在同一块布料上，还有各种花蕾图案、热瓦普琴图案、镰刀纹图案来增加布料上图案的变化。看着这些艾德莱斯裙五彩的裙摆在阳光下摆动，就能感受到维吾尔族少女的朝气和活泼。

维吾尔族女性偏爱裙装，在平常的日子里也基本都穿着各式各样鲜艳的裙子。但是过去穿裙子时下面必须穿裤子或者衬裙，穿着艾德莱斯裙时也是如此，这在现在看来，有些奇怪与别扭。同时裙子上面也一般穿着坎肩，套着袷袢式外衣。总的来说就是裸露出来的皮肤不能太多。若不戴花帽，则要围着头巾，不能露出头发。这些服饰特点与伊斯兰教文化的影响息息相关。

随着社会的发展、审美的变化和思想观念的革新，维吾尔族女性的穿着不断发生着变化。以母亲和家中青年、中年女性亲戚为例，她们日常的穿着已经不再是传统服饰，即使在节日时也很少穿，她们的穿着和现代女性没有什么不同。工序复杂的传统服饰在质量好价格低的现代服饰面前失去了竞争力，逐渐开放的思想也让年轻女性放弃了遮得很严实的穿衣风格。只是姥姥那一辈人现在依旧穿着长袍式的五彩长裙，坚持围着头巾。在街上，第一眼看到她们就能知道她们是维吾尔族（或者哈萨克族）女性。

现在以艾德莱斯裙为代表的维吾尔族传统服饰多作为一种礼仪文化和传统文化出现在特殊场合中，工业化在一定程度上打击了传统服饰的发展。传统手艺人品牌意识、推广意识的缺失，传统审美理念不能满足当代消费需求等因素都导致了艾德莱斯裙等民族服饰的困境。母亲儿时的一位朋友现在就致力于维吾尔族传统服饰在当今时代潮流下的革新和推广，还有很多维吾尔族设计师也回归家乡，想要守住这个传统服饰文化，守住过去一个个维吾尔族农村少女对于新裙子的那一份期待。

作为世世代代都平平淡淡地生活在西北小乡村的家庭，没有多么精彩的起伏动荡。住在黄土盖的房子里的人一生都在为生计奔波，眼前看到的只有吃什么、穿什么和能不能生活下去。所以在母亲和姥姥姥爷的回忆讲述中，听不到太多关于国家政治的内容，多的是在清贫的日子里怎么苦中作乐，语气中透露出的是对生活的热爱和民族自豪感。

人类学关于物的研究由来已久，从作为人类社会演进过程不同阶段的标志物，人与人、社会与社会关系的媒介，到物所承载的象征意涵和分类，再到物的技术发展给人类社会带来的影响，我希望通过家族成长过程中具有特色的物品来表现家族品格的形成过程。

人民群众是历史的建构者，少数民族作为一个国家大的民族背景下的特殊群体，对于丰富国家的民族文化、增强文化软实力有不可缺失的作用，这些蕴含着民族文化、民族特色的物品是人类文明传播发展的媒介。各式各样的馕里面包含着的既是维吾尔族对粮食的敬畏，也是民族的社会关系，鲜艳亮丽的艾德莱斯裙的花纹里蕴含着维吾尔族的民族风情，也藏着文化传承的历史困境，充满欢声笑语的煤矿是经济发展计划对于小农村影响的缩影，粗糙的鞋垫、竹篮，代表着边疆人民对于国家的响应和支持。

受到现代化生活方式的冲击，在年轻人那里，维吾尔族的民族独特性正在慢慢消逝，部分传统文化因为缺少继承而面临着危机。听听老人们讲述过去的故事，让我对那个破旧的院子和自己的民族身份有了重新的理解和认识，他们不止鞋垫、馕、煤矿和艾德莱斯。

# 赤脚医生：失落乡村最后的守候者

宋方凝

记忆里六岁前的每一个夏天我都会待在山村的老家。午后闹着不愿睡午觉，外婆就会打发我去找外爷："去杨树湾寻你外爷，他带你去药铺。"

这里多山，杨树湾是山间一片相对平缓的坡地，家里的玉米地就在那里。我沿着大路找过去，外爷的身影一定掩在高人一头的玉米丛里。我喊他，他便应一声，缓缓从里面钻出来，拍拍手上和衣服上沾的泥土，将放在田坎的草帽戴上。

"走，值班去。"

再走一小段路，爬上一段草木掩映的陡坡，就能看到坐落在平地上的三间土坯小平房——麻洞村卫生所——也就是外婆说的药铺。因为太小，只有储药间和诊断室，村里人久之就这么称呼。门没锁，里面是一张桌子，两把椅子，都是木质的。桌上摆着一把算盘，一沓处方用纸，一个磨损的听诊器。进去隔间，靠墙一排沉木柜子切成小方格，散发着苦涩清凉的味道；旁边是玻璃橱柜，各式西药稍显局促地陈列其中。

外爷是卫生所的医生，和另外一名医生轮流值班，也就是人们常说的“赤脚医生”。我常随他来这里，他值班，我就在隔间里把小木柜挨个拉开又关上，逐字读外面贴的字条：陈皮、木香、甘草，是我认识的；白芷，这个字怎么念？我会发问。他若是给病人看病，就会随便打发我让我自己玩；若是空闲，就不厌其烦地来我旁边，用乡音教给我。

据说这三间房子几十年前就是卫生所，中途翻修过，外爷也在这里工作了大半生。幼时听了，我只会觉得这满屋药香原来飘了几十年。而后来检索起这段过去，记忆与讲述拼接，几代师徒，百余户人家，一条从崎岖凹凸到被水泥覆盖的县道，一个人的命运如何融入一个村庄的消亡。当生老病死的叙事被时间冲淡，故事反而无从讲起，能抓住的竟也只是一缕药香。

# 一

麻洞村是一个行政村，在陕西省汉中市洋县县城以北70公里。又包括六个自然村，彼此间距离不一。汉中盆地人称“小江南”，这里却是名副其实的山区，海拔高达2000米，往南向下到县城，往北向下到古镇华阳，因此又被当地人叫作“麻洞梁”。县城到村庄多年来只有一条羊肠小道，仅容一辆架子车通行。直到1980年华阳景区设立，这条路才被硬化，农用车和小型客车逐渐可以通车。虽然对外交通不便，当地村民却走动频繁，互相熟悉。

全村掌握医术的人不多，平日里都是面朝黄土背朝天的农民，当有人患病，便开些中草药的方子，简单医治。没有白大褂，没有固定诊所，洗去种完庄稼的泥就成了深山里的回春妙手。村里人若是得了普通伤寒感冒，就亲自前往大夫家里买药；若是病得重了，家里人来唤一声，大夫便背着药箱翻山越岭，急急赶去病人身边。报酬不多，几块毛票或是贫瘠土地随处可见的洋芋都可抵出诊费。外爷的师父、师父的师父，代代相传，皆是如此。

1949年以后，工作重心转移到城镇，资源向工业建设倾斜，农业合作化运动普遍推广，但农村医疗卫生条件差、缺医少药的问题同样亟须解决。因此，农村原有的“赤脚医生”队伍得到扶持和充分利用，一批不脱产的农民医生承担起基层医疗卫生工作。同时，建立农村医疗合作制度，以生产队为单位集体承担医疗成本。麻洞村卫生所就是在这个时候建起的，村里两三位大夫被召集起来，简单修缮村委会搬走后剩下的三间土坯房，当作固定行医点。

外爷生于1950年，小学毕业后便当了劳动力，下田挣工分。当时村里的大夫都不用参与劳动，年末可按看病人数核算工分，算是个让人羡慕的行当。外爷从小对医术感兴趣，在19岁那年拜了村里的名医为师。白日里学习把脉，望闻问切，晚上就睡在卫生所，当作是值夜班。为了帮外爷牢记不同草药的药性，师父将汤头（中药配方）编成歌诀，让外爷每日诵读：

茯苓味淡，渗湿利窍，
白化痰涎，赤通水道。
黄芪性温，收汗固表，
托疮生肌，气虚莫少。
……

外爷的确有学医的天分，最初只是负责按师父开好的药方包药，半年后就能独立上手开药方了。1971年，终于出师，也成了卫生所的一名大夫。学医期间，经人介绍认识了同村小两岁的姑娘，也就是我的外婆。尽管外爷家条件困顿，外婆还是看中外爷的老实、勤劳，与他共同操持起一个家。

当时村里的大夫都没有接触过西医，虽然按照县卫生部门的要求，卫生所购入了常用的西药，却只能按照说明书给病人谨慎服用，并不清楚用药原理。1972年，国家卫生系统重视乡村医生培养，出资扶持一批年轻的乡村医生进修学习。外爷作为麻洞村最年轻的大夫，与同县的另外三名乡村医生一起前往市卫生学校，系统学习中西医知识。当时外爷外婆的第一个孩子——我的大姨刚刚出生。

从麻洞村要先经山路步行五小时到县城，再坐大巴统一到市区。外爷简单收拾了衣物，就一路向下，那是他平生第一次走出洋县。一同进修的有几百人，均是20岁左右，除了各个农村的村医，还有来自略阳钢铁厂、405厂等的工人。这是70年代才能见到的独特景象。一年以后，经过考核，这批年轻人获得相当于中专水平的“中医师”证书，被纳入国

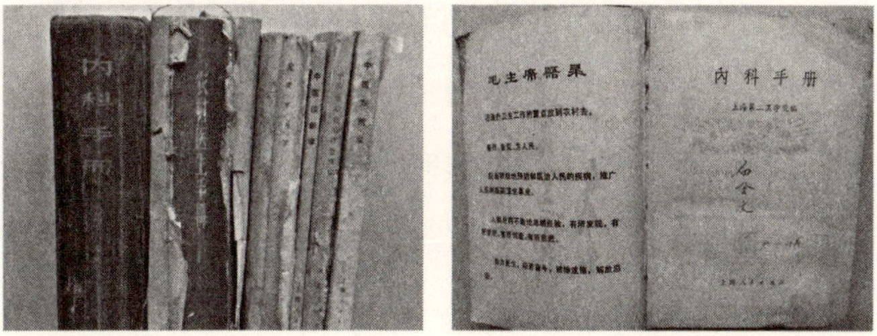


外爷使用过的医学专业书籍

家认证的医疗体系；同时将西医知识带到广阔的农村，像火种一样传播开。

二

从市卫生学校进修结束回到麻洞村后，外爷继续在村卫生所工作。仍以中医为主，同时西医诊断方法和药物被更多运用，除常见的慢性病以外，一些急性病得到了更好的医治。

1975年，外婆生下我的母亲和小姨。由于母亲和小姨是双胞胎，生产难度大，外婆被提前送到县医院。之后由外爷和曾祖父、曾外祖父一起用架子车将外婆和两个女儿带回家。因为外爷行医为人皆诚恳谨慎，外婆勤劳吃苦，这个五口之家很快便被撑了起来。1980年，他们最小的孩子——我的舅舅出生。

那是80年代的西部农村，历史中的宏大叙事并未将羽翼覆到这里，改革开放的春风似乎都吹得慢一些。劳动、工分、家庭，这些内容构成这个村庄里人们生活的一切。直到1982年，大生产和集体劳动终于被废除，不再有公社，不再有公田，就连卫生所也因为赖以生存的制度倒塌而解散。实际上，根据国家政策，合作医疗制度应当继续维持，由基层群众共同承担成本。但迟滞和闭塞使得麻洞村的合作医疗尝试就这样仓促终结。外爷和另一名医生清空卫生所，将原本不多的药物等物资均分，各自以私人形式继续行医。村里人将一间废弃的存放粮食的仓库简单清理，腾给外爷做新的行医点。同样是土坯房，虽然更小，陈设上倒是仍与卫生所相似。

往后的日子艰难了许多。没有生产队拨款作为成本支持，也没有稳定的工分核算，一切自负盈亏，行医之余外爷又回到农田，担负起一家人吃饭的责任。原本卫生所定期前往县药材公司采购药物，私人化之后，药材公司高昂的价格和并不算新鲜的草药品质让采购难以维持。

后来，偶然经人介绍，得知西安和成都的药材市场，那里的药材更新鲜且价格更低廉，最远只去过市区的外爷做出大胆的决定：更换货源地。于是，他和同县的其他几个乡村医生约好，一起前往西安和成都购买药材。当时西汉高速还未通车，前往西安只能走险峭狭窄的山路，经过秦岭，紧贴着山势而行，探头望向车窗外就是万丈深渊，九小时抵达。而到成都要花费一天一夜。由于没有丰裕的旅费，除去购药成本，往往付完车费之后就只能住最便宜的旅社，吃一碗车站的热汤面。一次行程一周之久，如此五年。

除了更换采购地，外爷还尝试自己采挖药材。山上的药材并不容易寻找，多生长在灌木丛里，初秋时节背着半人高的竹编背篓，带着镢头镰刀，一去便是大半天，归来时能收获半背篓药材。像麦冬、野菊花、柴胡、金银花，有些只需要晒干切段即可直接入药，有些则要先切成饮片，再加麸皮去炒，然后用蜂蜜去炙。诊所门口的一亩空地上，外爷也种植了一些容易养殖的药材，比如桔梗、白芷。

就这样各种方法并用，总算是将私人诊所维持了下来。

几个孩子都坚持念书，成绩相当不错。很多事情变了，一些事情又似乎没变。病人得急性病，家人半夜来敲外爷家的门，外爷二话不说披件外套，带着药箱出门。最远的一次翻山越岭走了十公里，救治完病人回家，天已大亮。这群医者坚持了数十年，继续传承着百年前的传统。

外爷在当地有了名气，一位对医术感兴趣的年轻人来拜他为师，学成之后回自己的村庄开了诊所，救治更多病人。仿佛庄稼年复一年生长，这个村庄里的一切以某种缓慢的、不同于大时代的步调构建着自己的循环。指针被拨动，又在坚韧生命力的驱使下，转了一圈又回到相似的位置。然而时间的齿轮总是在转的——以察觉得到或察觉不到的方式。

## 三

1987年，为了适应农村医疗卫生建设新要求，在县卫生局的调整下，农村私人诊所终于被取消。正如三十年前“赤脚医生”被召集成为联结体，分散行医的医生们再次回到卫生所，重新建立起轮班制度，运行至今。经过近十年的包产到户实践适应，村财政可以承担起每年较稳定的医疗投入，作为卫生所的运营基础。没有了工分制度，卫生所延续私人诊所采用的收费模式，除个人的出诊费外，药物溢价由几人平分。麻洞村曾以仓皇的面貌迎接公共基础的崩塌和市场的闯入，尽管艰难且缓慢，最终还是适应了市场规则。

卫生所仍然建在三间平房处。外爷不再去西安和成都购买药材了，面临日益激烈的市场竞争，县药材公司有了更灵活的价格调整方针。但种植草药、自制草药的习惯没有变，一亩药田转移到卫生所门前，由几位大夫共同照料。

孩子们慢慢长大。在不看重读书的村子里，外爷和外婆却格外重视教育，无论家里多紧张，都坚持供几个孩子上学。长女以前几名的成绩，成为同级唯一升入县一中的女孩；两个小女儿到镇上读初中，小儿子也上了小学。一切步入稳定轨道时，外爷却因病住进了县医院。平日硬朗的身体突然病倒，全家人都猝不及防，那年长女读高二，正要升入高三。恰巧碰上108国道洋县段开工，按政府规定，全县每户人均集资近百元，并至少出一个劳动力去工地干活。万般无奈之下，外婆去同村里人一道修路，长女退了学，去医院照顾父亲。不甘就此走上祖辈的老路，她恳求父亲教她学医，像父亲一样为乡邻服务。然而，这个请求很快被外爷否决，因为村里从未有女孩学医，他更不愿女儿像他一样在山间扛着药箱奔波一辈子。就这样，长女外出打工，剩下的几个孩子相继读完大学，留在城市工作。

或许从那时起，外爷已经察觉到乡村医生隐隐指向消亡的命运，尽管这个预感显得太早，也并不具备普适性——它更像是麻洞村的命运。凹凸的羊肠小道早已铺成水泥路，并两次拓宽，往返于城乡之间的班车日日驶过；年轻人见过了外面的世界，贫瘠的土地早已留不住他们的双脚。由于地形缺陷，这里的耕地并不适合机械化操作，仍是一把锄头的影子拉得斜长。游客们奔向更北方的古镇景区，麻洞村作为一个中点站，从来往车辆往出去望，被遗忘在道路两旁，遮盖在层林里。它似乎不适宜现代化，在大量文学作品惋惜城市文明入侵乡村文明的时代，它反而成为一个停滞，却并不完整的标本。

外爷就是这个标本的守护者，以介于积极与消极之间的姿态，或者说更像是一种淡然。做乡村医生行医五十年，他救过太多人，也见过太多的生老病死，和整个村庄融为一体。外爷医者生涯的早些年，村庄常有因为贫穷，或因为固执不听劝告而不愿去正规医院看病而发生的悲剧。有因胎位不正难产而死的产妇，有患脑膜炎因耽误治疗而智力停滞的孩子，还有心脏病突发、等外爷赶到时已断气的中年人。文学作品中说“生命是一种大而脆弱的东西”，很难说清是什么为每个生命设下终点，封闭、愚昧、贫穷……作为乡村医生的外爷只是置身于其中的一环，很难改变什么。而当村庄终于与外界联通，尽管它在以越来越快的速度流逝，外爷却能以一个平和的姿态停驻。

外爷一直留在村卫生所，与另外两位同样年纪的大夫一起，为越来越少的病人提供治疗。村里的住户越来越少，从百余户缩减到几十户，最后只剩零星几户分散在山坡间。我十岁那年，卫生所搬出三间土坯房，转移到离马路更近的砖瓦房里。依据现代农村卫生室标准建立的新场地更大了，消毒室、治疗室、注射室、观察室、诊断室和药房的完整结构终于齐全，只是大多数时候仅仅由医生守着，终日无人光顾。他们不会离开，出于眷恋，或是仅仅出于职责。而无论我多少次踏入这间房子，熟悉的中药柜陈设和满屋药香都为我复现了五十年前的历史。

到了2020年春节，新冠疫情影响下，县级以下医疗机构均被禁止营业，卫生所的大门终于锁上。

这年外爷70岁，按照国家规定，正式退休，结束乡村医生职业生涯。由于外爷身体不太好，杨树湾的玉米地已经荒了，上次回家，我看到上一年的秸秆覆了满地，无人处理。风吹过，像大地的呼吸节律，提醒我这里曾有一个村庄跳动的脉搏。

## 后记

疫情防控进入常态化后，我回到老家。卫生所重新开张了，外爷退休后，另外两名医生还在坚守，尽管几乎没有病人。根据县政府计划，2022年麻洞村将完成移民搬迁，并入县城附近灌溪镇移民安置点，届时原卫生所也将裁撤。我借外爷的故事，叙述整个麻洞村医疗状况的变化，并不只是为了展示一个不太成功的案例，毕竟它受当地客观条件影响，不具备代表性。而且在更多的农村地区，医疗合作制度确实与新农村建设相结合，正在焕发蓬勃的生命力。但我想记录包括外爷在内的乡村医生几十年来的心路历程与生命经验，因为在“大多数”与宏大叙事之外，个人微小的情感因素同样值得作为时代的一部分被铭记。

# 全聚德、世纪钟与“做个男子汉”

李一鸣

## 一

我即将去广州面试记者的工作。姥爷不喜欢。他觉得我读了本科，总得读个硕士，再读个博士，最后读个“博士后”。虽然也不知道读完“博士后”做什么，反正“书是要一直读下去的”，“读到头”。

姥爷的卧室里挂满了钟表，厂里捡来的。因为登不了高，换不了电池，慢慢都不走了。现在卧室里只有收音机的声音，一个频道，播一整天。

没人还会用钟表了。迁新居时，姥爷通过厂里的老朋友给我家送了一台落地钟，景泰蓝的表盘，现在已经六七年没有响过了。我小时很讨厌打点的声音，后来发现它和北大的上课铃一个旋律。

以前来姥爷家，姥姥姥爷会花好几天时间，准备各种各样的饭菜：冬瓜汆丸子、清炖牛肉、过年素饺子、山东包子；打卤面要配上六种菜码，还要炸一大盘糖醋面筋，枣红色，堆成个小山丘。

如今姥爷手抖，没法继续掌勺。我要出远门，姥姥特地炒了一盘酱爆鸡丁，这曾经是他们做的最普通的菜。

姥爷做过厨师，从案板一步步干到灶台，再做经理。现在因为三年前做了结肠癌手术，曾经拿手的种种好菜都成了禁忌。偶然贪嘴不小心吃了难以消化的食物，肚子要疼好几天。

由于手术缝合出了问题，要做造瘘，才能正常排便。在这个问题上，姥爷和母亲争执不下。他宁肯放弃美食与做菜的手艺，也不愿从身体引出条管子，用袋子装起大便。

在灶台上干活的最在意的就是干净。“屉屉拉到身上，还不如叫我去死。”一聊起这个他就激动起来。

2013年做支架，2017年切肿瘤。两场手术对他影响很大。身体转不动了，像他那辆很久没骑过的自行车。前两天嘴馋，蹬上车去买鸭油包，卡在了半路上。

姥爷算账算得明白。两人的积蓄一人一半，为了看病，自己那份已经花光了，现在开始用姥姥那部分。他觉得这样不好，“我走了，你姥姥一个人怎么生活。”姥爷是个要强的人，甚至从不愿靠晚辈的支持生活，他觉得那是“丢脸”的事。

“没用了。”他这么说。

## 二

姥爷生于1948年，天津解放时整一岁。

他的爷爷是粮铺二掌柜，躲在米面箱里听着部队从街上踏过，“闹水似的”。再出来已是清晨，街口传来阵阵喊声，“解放了”。但才解放，粮店就被老板兑出，没了工作。

姥爷的父亲1954年生了疖子，被公司辞退，没一年就去世了。因为养不起三个孩子，姥爷的母亲带着弟弟妹妹回了老家。他被留在车站，看着公交车关上门，哭着让爷爷领回了家。

饥饿伴随了姥爷幼年的记忆，他说，被爷爷领回家那天，房顶闪着光，那是眼前冒的金星。

从此，他开始跟着爷爷卖菜。这营生说是买卖，实为苦力。上菜的地方在城西，明清时是穷人的乱葬岗，后来又先后建了刑场和监狱。一辆辆马车码在路边，若是价格便宜，爷爷便会多屯一些，花两毛钱叫辆黄包车，让他看着拉到家里，自己再挑上两筐菜慢慢走回去。天津的“狗不理”包子，最早就是人力车夫的吃食，里面包的是没人吃的猪皮。上好了菜，他就跑到早点摊，站在桌子底下看着别人吃，通常能讨到别人掰下的几口窝头。

“像条小狗。”他说。

每次去姥姥家，他们都得看着我把饭吃到咋也吃不下去才行。肚子饱了，才有安全感。

八岁时，姥爷上了小学，幸运地得到老师照顾，不用交学费，也不用花钱买书本，这才识了字。长大后再去拜访，才知道那老师早已嫁了位军人，去了新疆。

小学毕业，正好天津开始登记户籍，为了城市户口，姥爷的母亲，我的老太太从葛沽回到了市里。

老太太以前在村里做小买卖，有蘸糖葫芦的手艺，进了城到东发顺做了临时工，继续蘸糖堆。冬天过了，便换了工作，去了染化厂。在染化厂工作不免要吸入粉尘，没过几个月，老太太开始咳嗽，咳出的痰都是印刷剂的蓝色。这件事被工厂发觉，很快就把她辞退了。

从染化厂出来，又去了福昌祥果脯厂，被分配到了奶油冰棍的生产线。车间领导看她咳嗽，知道是在染化厂落下的毛病，便给她分配了个工位，在那里，老太太可以随便喝食冰棍的原料——牛奶加鸡蛋。喝了一段时间，咳嗽神奇地好了，面色也红润起来。老太太今年八月末刚过世，健在时身体甚至比我姥爷还要好一点。

当时，一家五口全靠姥爷的爷爷和母亲的收入生活，日子过得艰难，自然也没有余钱给姥爷交初中的学费。于是，小学毕业后，姥爷又开始打各种零工补贴家用。

三番五次到工商局说明情况后，他破格拿到经营证，被分配到三条石卖冰棍。三条石是当时天津工人和铁匠的聚居区，那里的住户们慢慢知道了姥爷家里的情况，便常给家里的小孩买冰棍，一毛钱一毛钱地帮衬着。

夏天过去，卖冰棍的季节不再。而天津的企业完成了公私合营，姥爷的母亲成为了果脯厂的正式工人，姥爷作为工人家属，再加上贫寒的家庭背景，进入了天津市饮食公司，分配到天合裕饭庄，开始了厨师生涯。

三

公私合营后，天津市的饭店统一归饮食公司管理。把姥爷招进饮食公司的是一位姓张的科长，姥爷后来才知道，他被张科长招进来的原因是两人极为相似的童年经历。

进了饮食公司，先要到烹饪学校学习一年。学煎炒烹炸，学食品卫生，还要学哪里的鱼最好，刺最少；螃蟹要从渤海湾出发，到胶东半岛游个来回才算长成。小学毕业后，姥爷一直渴望读书，在烹饪学校，他终于又做了一次学生。

学成毕业，张科长把姥爷带进全聚德，交给经理，嘱咐其亲手把他“带出来”。放现在大概就是管培生。

饮食公司还会办统一的扫盲班，由上过小学或者做过会计，懂得识文断字、加减乘除的员工们做教员。中午两点停火，员工们统一到宴春楼上课。姥爷在那里学会了打算盘。

战争消耗了一整代青壮年，在国家重建过程中，各行各业都面临着人才断档。餐饮业也不例外，这给姥爷带来了机会。在全聚德，因为性格直爽、好打交道，大小事务打理得好，他一点点获得了员工们的信任，17岁就被选为副经理。

1971年9月，姥爷和时为包子工的姥姥结了婚。这是件风光事。当年的姥姥唱歌跳舞样样行，在饭店里追求者众。姥爷也风华正茂，好不般配。

如今，赶上新冠肺炎，两个人关在家里下不了楼，一个看电视，一个听广播，互相一句话也不说。我从小叫姥姥带大，姥爷觉得我头发留太长，就是小时候和姥姥在一起待太久的缘故。

“头发剪了吧，咱是男子汉。”他在发给我的短信里这样写。

他觉得男人便应该像他一样，样样事都要自己摆平。这大概也就是为什么衰老让他如此焦虑。那意味着不再有强壮的身体，不再有广布的人脉，不再受人尊敬，不再“像一个男人”。之前去银行办业务，要在手机上进行操作，他不会。业务员在旁边不耐烦：“你儿女哪去了？”“儿女不在？孙伙计呢？”

灶台、案板，那是他奋斗过，也成功过的地方。1983年厨师考试，姥爷拿了天津市第39名，有机会去人民大会堂宴会厅，他放弃了，因为小姨和母亲还在上学。现在，两个女儿很久才回来一次，每次待不了十分钟。“探监似的。”

劝我不要离开天津时，我反问他：“当年没去北京，后不后悔？”

他笑笑，没直接承认。“都过去了。”

确实都过去了。姥爷总是喜欢强调，凭自己当年的人脉，在天津，西站东站飞机场，派出所酒店计划委，“姥爷‘平趟’”。

他太爱讲述自己的辉煌往事了。1975年从全聚德转到狗不理做副经理，行话叫“调门槛”，你得拿出点真本事，才能叫同事们瞧得起。当天来了三桌日本访团，他拿萝卜、葱白和海棠果雕花摆饰，做出三座冷盘花篮，终于折服众人。桌案的玻璃板下面压满了他在全国各地留下的照片，各大饭店的后厨，他随便出入，都有好饭好菜招待着。杭州广州北京上海深圳青岛，每张照片他都背着手戴着墨镜站在那里。

退休之后，他写了一大本厚厚的菜谱。没人学。

我爸拿这事告诉我，“好汉不提当年勇”。

## 四

2005年有部电视剧叫《生存之民工》。姥爷说他不喜欢民工，现在城市里的房子偷工减料，都是因为企业只用民工，而不再有专业的建筑工人。我心想，盖房子的事，怎么还有专业一说。在我的概念里，工人就是民工的意思。

姥爷的皮肤很黑，和他同一代的天津人皮肤都很黑。天津是工业城市，但我自记事开始，便没有见过工厂。家门口曾经是荒地，后来建了游乐场，再后来改成了购物中心。城市越来越高大，天津人也变得越来越白了。现在城市里的黑皮肤者，大概只有工地旁边的民工们。

姥爷说，工人得是有技术的。以前钟表厂里的那些工人们才算。

1984年，帮着饮食公司办起了南市食品街后，为了方便接小姨放学，姥爷申请调去了钟表厂，做供应科科长。干了几十年饭馆，社会上朋友认识得不少，到计划生产委员会，物资批条拿得快。

在厂里泡着，钟表的知识也钻进去慢慢学会了。我一两岁的时候，总到小区楼下去捡地砖缝里的螺母和铁片。姥姥说，那些玩意姥爷有用。

他的大小抽屉里都是钟表、手表，以及工具和零件。姥爷年轻时没什么爱好，2003年退休之后，一下子闲了下来，就研究起修表，周中也到厂里坐班，一个月600。家里好多表，都是他从厂里捡来的。那些表捡回来修修都能走，小时候，姥爷的屋子里总是充满了节奏微有差异的哒哒声。

2011年，天津钟表厂正式关门，姥爷看着写着那五个大字的牌子从门口摘下。从此，钟表厂改名“金鸡”，成为私人企业。这座苏联援建的工厂结束于这座北方大国瓦解的二十年后。

但它早已是将死之身。

1998年，我出生。同年，天津钟表厂正要在市政府安排下，为迎接千禧年制作一座巨大的钟表，名曰“世纪钟”。为了世纪钟，天津钟表厂在当时筹资47万。从设计到制作，全部自主完成，终于让它在新世纪来临前矗立在了天津站前广场、解放桥头。

这是座用钢铁与锻铜制造出的庞然巨物。齿轮与表盘至今仍在转动，在后工业时代大方袒露着旧时代的心肝脾肺。

在当时的宣传语中，这座世纪钟，代表着由工业时代走向电子时代的美好愿景。

它确实做到了。当世纪钟的指针在2000年的第一秒开始转动，钟表厂也画上了用机械刻下的句号。

钟表厂盈利十分良好。“一年赚一个钟表厂”，姥爷这样形容。新闻记载，当时钟表厂一年为国家上缴利润4600万元。

但作为国营企业，钟表厂无力偿还47万元的债务。此时正值国企改制浪潮，厂长呼吁各个车间主任买下各自的车间，这样工厂就能用卖车间的钱还债。

各个车间主任疯了似的到处借钱。二十多个车间，一个车间的价格不到十万元，但之后能创造百倍的利润。厂长也顺理成章地变成老板，原来合成一座大院的工厂被分割为以车间为单位的作坊，再也不可能聚在一起，共同造出第二个世纪钟。工人成为负担，厂里五千多人裁掉了十之八九。

## 五

姥爷说，他永远忘不了工人们走出工厂时的样子。

当时他在办公室管出纳，一个个车间的工人们到他那里，结出几千元的买断费，他把工人们送出厂门。小媳妇大闺女、小伙子老工人，在工厂门口抱着哭，谁也舍不得走。走出大门，还望着工厂的牌子抹眼泪。

“别看了，越看越难受啊。”当时姥爷在心里对他们说。

没了工作就是没了命。这身手艺离了生产线，什么都不是。

原来生产钟表的材料，都被当作废铜烂铁卖掉。姥爷家里有一根德国制两米长的银棒，在生产线上一次切下几微米，做手表飞轮的配件。他当时从废品堆里把它捡来，想拿来做窗帘的横杆，无奈太长，普通工具又锯不断，只能放在那里。这样的银棒，废品堆里有几十根。

大仓库被各个车间瓜分完毕，工厂从做世纪钟的钟表厂，变成了无法自主生产的代工厂。前几年，车间给LV、Gucci、爱马仕等奢侈品做机芯，成为报纸上宣传的正面新闻。

姥爷的左眼快看不见了。因为手抖，他早已不再修表，连给钟表换电池都成了难事。也许过不了多久，将再也没有一块转动的表盘，上面刻着“天津钟表厂”的字样。

姥姥姥爷只有在很少的时候，才会提到“下岗”这回事。他们宁愿用过去的辉煌，把这段记忆不断地涂抹覆盖。

在20世纪初，天津有不少摇滚乐队，其中有一支的名字叫“妨碍公务”，他们的代表作就叫《下岗》：

这个夏天我要弹着吉他在路边唱歌

天气太热 冰棍败火 可我丢了工作

我兜里没有钱 肚子叫着饿

眼睛盯着一分一毛可怜的施舍

不是我的错 真的别怪我

我那阵上班的时候可不是这样的

我以前在单位那也是天天的听党课

这个英模和那个标兵也都经常的争当着

我抽着便宜烟 干着体力活

可是不知道怎么着好好的我就下岗了

不是我的错 真的别怪我

我没了工作可还是得照样的活着

除了老本行 我就不会干别的

也就只能弹着吉他在路边唱个歌

……

那些时代的伤痛，在这座以幽默著称的城市里，一点也没有少。

天已经全黑了。打开门，姥爷在屋里补了一句："书能念还是念吧。"

"出去了，做个男子汉。"

# 断代的记忆：上海解放、厂长下岗、赚钱养家

陆文汐

## 一

外公很喜欢买彩票。在我对童年为数不多的记忆中，有一项便是每天跟外公去小区门口卖体育博彩的小亭子那里查号码。窗口很高，我要踮起脚才能勉强看得见坐在里面的阿姨和她面前的半个电脑屏幕。亭子旁边的地上摆着一块白板，上面写着当天的中奖号码和奖池里累计的金额。那些红色蓝色的数字，在我眼中，只是没有任何意义的排列组合。我更感兴趣的是刮刮乐。

我一直觉得刮刮乐不算彩票，因为彩票在我眼中必须要

和数学搭界，里面有着我没法猜透的复杂计算。但刮刮乐就不一样了，它是给小孩的奖励。刮三张总有一张会中奖，有时5块，有时10块。小时候，5毛钱就可以买一瓶可乐糖，吃上一个星期。外公每次都会买上好几张刮刮乐，然后分我一半。

外公的大拇指留着长指甲，一刮就是一张。我没有长指甲，因为幼儿园和小学每周都要检查手指甲。而且我也不想用手刮，因为刮下来的废渣卡在指甲缝里很难受。更重要的是，刮刮乐对我来说是一件很有仪式感的事，必须要用一元硬币慢慢地从封条的一角开始刮，然后把所有灰黑色的覆盖物刮干净，这一张才算完事。

除了刮刮乐，外公还会买一种真正的彩票。我不知道它叫什么名字，只记得它有上下两排，好几列数字，每列要在上面一排选5个数字，下面一排选2个数字。彩票纸和答题卡很像，都是红色的，都有数字框，都要用铅笔涂黑。外公很喜欢叫我帮他涂彩票。我觉得这是外公对我的信任，我必须要好好填，每涂一个数字都会纠结好久，甚至还跑去看之前的中奖号码，想要钻研一下其中的规律。后来填得多了，我就厌烦了。因为每填一张都要费好多脑子，想好几种不同的数字组合，可到头来却一次都没中过奖。

我以为外公早就不买彩票了。直到上个寒假去他家看他，他突然从衣服口袋里掏出一沓熟悉的纸。“汐汐，帮我填一下。”“你自己填呀。”“你帮我填呀。”“好吧好吧。”

自懂事以来，我觉得买彩票就是交智商税，浪费时间又浪费钱，所以我一直无法理解为什么外公这么坚持于买彩票。“就是碰碰运气。”“那你中过奖么？”“多的时候有200。”但一个月光买彩票的钱都不止200，更不要说这么多年了。

直到后来，我才意识到，之所以无法理解外公，是因为我对他的记忆是断代的。尽管外公从小带我长大，但我记忆中的外公却只是他人生的最后20年。他之前所有的故事，我既未曾参与，又一无所知。

## 二

1964年中学毕业后，外公被分到上海轻工机械二厂，做一个流水线上的普通工人。虽然“念书不灵光”，但他操作

外公在案前研究图纸

起设备来很有天赋，上手很快，又在之后的技术考试里得了第一名。领导觉得他是个好苗子，就把他调到了技术科。先是技工，然后是车间主任，后来又成了技术科科长。

1977年，高考恢复。厂里许多人报名参加了，外公也是其中一个。一开始消息传来的时候，所有人都不相信，因为之前已经传过好几次“假高考”了。但这次不是“狼来了”。

就这样，白天上工，晚上复习，日子好像又回到了中学那会儿。那时候，他“可讨厌念书了”，每天只想着和同学溜出去玩。这是一群从小在工人新村长大的子弟，虽然同在“大上海”，但离那个“花花绿绿的世界”又很遥远。他们

外公在学生时代（前排右二）

周末最常做的事情就是一起“进城”见世面，在南京路上的商场里“瞎逛”。有一年太爷爷在那儿给外公买了件绿色的羊毛衫，外公把它穿到了今天。他们就像是“霓虹灯下的小哨兵”，对这个可望而不可即的“平行时空”有着各种不切实际的幻想。

时隔十几年，外公又踏入了考场。他以前从来没有为考试烦恼过，也从来没有那么认真地学习过。但高考是不一样的，哪怕他不爱念书，也知道这将会是一场改变许多人命运的考试，甚至在报名时就已经是了。“有很多知青，尤其是女的，怀了孕的，想参加都回不来了。”

高考无论在哪个年代，都是千军万马过独木桥。他是争气的。在厂里工作了十多年后，考上与否，其实对外公来说，已经没什么区别了。他没有什么远大的志向，也没有想过考上大专后，生活会有什么变化。他目之所及的将来就是离开厂，去念几年书，然后回到厂里继续干活。

但生活当然变得不一样了。一来一回后，外公也算半个高材生了。机械专业的那些知识让外公在技术科的日子变得一帆风顺。1983年，国家要提拔新的人才，外公顺理成章地成了生产厂长。那时候实行的是“一正三副”制，一个正厂长是总负责人；下面三个分厂长，一个管生活，一个管销售，而外公负责“抓生产”。这一年，他才38岁。

对外公来说，当厂长就是“坐办公室”。当时厂里有600多个人，但都“用不着他管”。他只需要跟车间主任对接，车间里有问题来找他，他再去帮忙解决就好了。在别人看来，当厂长是件特别威风的事，应该有许多特权。可实际上，他工资也没比之前高多少，更没有人找他通关系。

“就是个分厂长。”外公说。

但即使是这样，当一个年轻的分厂长，在当时也已经是件出人头地、“不得了”的大事了。

三

外公叫高本沂，临沂的沂。他是山东人，不是上海人。

其实上海的大多数人都不是严格意义上的上海人。那些世世代代生于斯长于斯的上海农民被称为本地人，在上海的总人口中是极少的一部分，大多数集中在上海的郊区，说着一口与上海话截然不同的本地方言。而那些出生在上海，三代以上从外地迁移到上海的人，才被叫作上海人。他们中的大多数都是上海开埠后从江浙一带移民过来的，比如外婆就是江苏人。而像外公这样，跨越大半个中国来到上海的，只是少数。

来上海，不是外公的选择，而是太爷爷的。

外公出生在沂南县马牧池乡常山庄村的一个山洞里。那是在战乱时，没有谁能顾得上谁。外公从出生的那一刻起就是幸运的那个。他挺了过来，但他的双胞胎姐姐没有。

后来，部队驻扎进外公的村子里，原本普通的村子一下子变成了根据地中心。外公的家比较宽敞，便作为指挥部和印钞地，成了中心的中心。打仗是要钱的，太爷爷的任务就是负责把印好的钱送出去。

1948年，部队准备南下解放上海。领导问太爷爷要不要作为后勤跟着一起去，太爷爷觉得这是一个机会，便跟着押运物资的队伍出发了，而太奶奶和三岁的外公则被暂时留在了村子里。外公的记忆里没有解放军，也没有太爷爷，只有山上捡不完的树枝和灶头里烧不尽的柴火。

1952年，外公隔壁村的叔叔从上海回山东老家结婚。受太爷爷之托，他临走时将太奶奶和外公一起捎上，带到了上海。从临沂到上海，在今天坐高铁最快只要5个小时不到。但在当时，村子里连辆自行车也没有，而最近的火车站却在一百多公里开外。走路，是那个年代人们最重要的出行方式，也是外公对童年最深的印象。

“走了整整两天，”外公说，“走到晚上就在附近找一个小旅馆，第二天起来继续走。”

他走不动了，不想走了。太奶奶是个身材瘦小的妇人，自己能走得动尚且了不得，哪能背得动他。“找爹爹去了”是太奶奶不停地对外公说的话。爹爹，是年幼的外公记忆里缺失的一角，是村子里别的小孩都有而他没有的存在。爹爹去哪儿了，爹爹什么时候能回来，这些是他小时候最想知道的答案。虽然爹爹一直没有回来，但至少现在，他终于要和娘去找爹爹了。

外公一家——后排左起：外婆、太爷爷、外公；
前排左起：太奶奶、太奶奶的姐姐

坐火车到了浦口，再换轮船，几经颠簸后，外公一家终于团聚了。

## 四

背井离乡，是老一辈人最不愿做的事。可暂时离开家，去换一个向上的机会，又是他们必须要做的牺牲。没人能笃定地说出，机会什么时候到来。当机会真正摆在他们面前时，他们有时还能隐约感知到，选这个和选那个之间，或许是不一样的，而有时则什么都没有。

外公最想要的是安稳。他觉得人这一辈子，就是图一个安稳。妈妈中师毕业后去小学做了英语老师，后来大专进修了外贸英语，准备跳槽到浦东的一家美企驻沪办事处去。当时正值浦东开发开放，放在今天看，这是一个千载难逢的好机会。“都已经谈好了，工资发的都是美金。”妈妈总和我说，要是当年她跳槽过去了，今天就没我了，因为在那儿认识的人档次就会不一样了，就不会认识爸爸和他结婚了。可外公极力反对，他觉得女孩子还是安稳一些好，老师是“铁饭碗”，让妈妈不要“瞎胡搞”。“瞎胡搞”是外公对一个人最严厉的批评，就像几年前我剪了短头发，外公见了我就是这么说的。

20世纪90年代，国企改制。外公是生产厂长，没有受到波及，但他每天看着一批批工人下岗，包括关系好的老朋友们，包括外婆，又看着一日日下滑的业绩，想做些什么却又无能为力。他没权决定工人去留，这归劳动工资科管，当然也没人找他闹，那归党委管。他记不清手下有多少人走了。外公还是厂长，但工资每月只有600多，勉强能养家糊口。

2000年，厂里派外公去工厂在深圳和香港人开的合资企

外公从深圳给妈妈买回的磁带

业里当总经理，第一个月工资就有2000多。就像当初太爷爷选择跟着部队去上海闯荡一样，外公毅然决然地去了深圳，想要赚更多钱养家。外公之前从来没有跟我讲过这段经历，我问外公当总经理是什么感受。外公说：“就是换一个地方坐办公室。”

但是深圳比上海更加开放，发展得也更快。深圳还有妈妈想要的、上海买不到的、四大天王的磁带，外公每次回家时都会带上几盘。

或许是在城市长大的缘故，外公没有老一辈人的乡土情怀。7岁来到上海后，他只回过山东三次，有两次还是在太爷爷去世后回去为他上坟。对他来说，有人的地方才有家。他去了深圳后，上海的家便成了他心心念念的地方。

在深圳只待了8个月，太奶奶一通电话把外公叫回了上海。那时，妈妈怀孕了，太奶奶身体也不太好了，阿姨又在上学，外婆一个人照顾不来全家。深圳很好，外公去的时候毫不犹豫；但家更好，所以他走的时候也毅然决然。他向厂里打报告解释原因，得到批准后就马上坐火车回了上海，赶在了我出生前。

回到厂里，他的工资又落回了600块。半年后，国企管理岗缩减，他成了第一批下岗的厂长。没过多久，另外两位分厂长也下岗了，而正厂长早在外公之前就去了深圳，“发大财了”。外公想着买断工龄至少还能拿一笔钱，但厂里说外公还有两三年就到退休年龄了，不让买断。

“一个月只有414块，日子怎么过？”同年，他用前些年攒下来的钱，自己开了家公司，像先前在轻工二厂一样，继续经营造纸用的机械设备和机电产品。公司一共有8个人，除了他之外，都是原先厂里的下岗工人，有外婆的小姐妹们，还有她们各自的老公。

但自我有记忆以来，我感觉厂里似乎根本没这么多人。

小小的办公室里人多的时候有两三个，其中一个是从小带我去公园玩的财务阿婆，另一个我已经记不清脸了。大多数时候厂里只有外公一个人，他在办公室里工作的时候，我就坐在门口车间的板凳上，盯着生锈的机器和满地的电线发呆。外公说公司是赚钱的，虽然赚得不多，虽然每次发完工资后他自己就所剩无几了，虽然开到后来没生意了他一度要和爸爸妈妈借钱发工资。

2005年前后，苏州河边的十几家国营机械厂全都倒闭了，其中包括外公工作了几十年的轻工机械二厂。外公说，工厂污水多，不让开了，但更重要的是，国外进口的纸浆要比他们自己造的便宜得多。因此，连带着外公自己开的公司生意也越来越差了。妈妈说外公“死要面子活受罪”，明明可以早点把公司转手及时止损，却为了他的老同事们一直撑着。其实他们根本不会怨外公，因为大家早就过了退休的年龄。但外公很固执，想着能撑一年是一年。“要为他们负责。”

## 五

赚钱养家是外公一生的执念。

当年，太爷爷把他和太奶奶接到上海后，一家三口先是挤在六一四厂的集体宿舍里。很快，上海在普陀建了全国第一个工人新村。当时有句顺口溜叫：“一人住新村，全厂都光荣。”盼望着，盼望着，分房的事终于在1954年轮到了太爷爷。外公也终于拥有了一个自己的家，他的前半生就在这个不足16平米的小屋子里度过。

外公当上厂长后，也分到了一套小房子。这套房子同外婆的小房子一起，两套换一套，换来了一套稍大一些的房子，就在我高中的马路对面。在学校和朋友闲聊时，我经常指着窗户外面的绿色高楼，说那就是我家以前的老房子。90年代国家倡导房产私有化，外公出钱把这套房子买了下来，一家六口人便在这里扎了根。太爷爷退休后闲着没事，还应聘当了这栋楼的门卫，每天和太奶奶坐在门口晒太阳。

“当年就是太戆了。”知道我考上了老房子对面的高中，外公这么说道。

外公儿时和太奶奶在房子前

千禧年前后，到处都在开发新楼盘。在外公看来，房子就是用来住人的，一套就够了，多的留着也没用。他想少贷点款，就把老房子卖了，贴钱买了套新房。当时没有什么学区房的概念，更不会有人想到，上海的房价会在短短十年里翻了那么多倍。

我出生后，带孩子的任务落到了外公外婆身上，而他们新买的房子还没来得及装修，一直空置着。2004年，外婆生了场大病。在ICU病房里，外公向外婆承诺“一定要让你住一次自己的房子”。

但外公开着他的小公司，手头紧，妈妈和阿姨便出钱想着赶紧把房子装修好。幸运的是，外婆挺过来了。紧绷的神经一放下，外公就累倒了，虽然很快病好了，但他经此一事后便焦虑起来，觉得自己不争气，挣的钱不够多，差点不能在临终的时候为外婆圆梦。似乎是从那时起，外公有了买彩票的习惯。也是在那之后不久，外公上了骗子的当，一生的积蓄兜兜转转又回到了起点。

## 后记

外公一生都是一个保守的人，他自己放弃了升职的机会，又劝妈妈打消了跳槽的念头。外公从来没有在我面前提过20年前深圳的事，就好像他从来没有去过一样，即使这个决定使他失去了自己人生中第一次也是最后一次转折的机遇。

回忆起这段往事时，外公没有提过一句后悔，我也不想去追问一个结果，因为我隐约已经知道了答案。我从小到大想要的所有东西，外公都会买给我；我长大后做出的每一个决定，外公也都无条件支持。没能抓住的机会是外公最大的遗憾，也成了他后半生最大的执念。外公希望我能做我想做的事，抓住属于我的机会，可在时代的洪流下，它们却总在岔路的两旁。

我打电话和外公说我要写家庭史，外公打开抽屉，拿出相册，一下就翻出了他和太爷爷太奶奶的全家福，让妈妈拍给了我。可我打开微信聊天记录，滑呀滑，又打开手机相册，滑呀滑，却怎么也找不到我和外公外婆拍的最后一张合照。这一瞬间，我突然觉得，我甚至连过去都把握不住，但是重来一次，外公依旧会选择陪我长大。

# 镰刀锤头红旗之下

文天昳

2002年8月我出生，他刚刚退休六个月。在很长时间里，这个鬓边白发渐盛但精神抖擞不减当年的男人只有一个身份——“我的爷爷”——载我上学，给我削水果，骑车到很远的郊外河边给我买小鱼儿熬汤的爷爷。

我窥探爷爷的前半生，是从识字之后，看见老家书房的柜子里摆着的一个名牌开始的。牌子左边是爷爷的照片，右边写着“职务：党组副书记”。那是我第一次意识到，他是我的爷爷，但他不仅仅只是“一个爷爷”。

## 紧箍

1943年，爷爷出生于西康省会理县城关镇东街巷里的一个城市底层阶级家庭。“城市底层阶级”是那些居于城市而没有房产地产、没有商业生意、只能靠打工过活的人，“是真资格的无产阶级”。

爷爷的母亲是童养媳，没什么文化，年纪轻轻就从80公里外的永郎镇嫁了过来。在他早年的记忆里，母亲日日夜夜地劳作着，靠着给人家做些织布、打煤球、浆洗衣服、推磨的活，赚些微薄的收入，勉强支撑着自己和三个孩子的生活。母亲一生辛苦，早年操持着与丈夫的家，中年操持着三个孩子，晚年到成都照顾年轻守寡的大女儿，又在女儿撒手人寰之后操持着外孙女的起居生活。1969年底，爷爷刚结婚一个月，他的母亲就因心脏病去世了。

父亲在哪里呢？这个形象在爷爷的童年图景中是一片空白。

1945年10月，他刚满两岁，父亲离家远走，此后数年杳无音讯。1949年，父亲回家了，他才知道，父亲是“国民党的兵”，虽然没有被青天白日旗带走，却带回了外出沾染的大烟瘾。他整日无所事事，烟瘾一犯，便一件件地变卖了家产，拿钱换烟，再抽个精光。

如此过了一年光景，在1950年抗美援朝战争爆发后，有人觉得当兵多少是条生计，便撺掇父亲去报志愿军。父亲随军队已经开到国境线了，但在出国前最后一次政审中，同行的一个他在国民党任职时的同事揭发了他的身份，并指证他曾做过对共产党员不利之事。父亲参军营生的计划失败了，他被移交军事法庭接受审判。从此，跟随父亲后半生的，除了年复一年的徒刑、劳改，还有一个戴在头上取不下来的紧箍，上面写着五个大字："历史反革命"。

这五个字在爷爷的前半生里，也是取不下来的紧箍。

## 挫芒

清贫啊，他说。

然而，即使过着饔飧不继的日子，他仍然像其他的城市孩子一样，读完了高中，于1963年毕业。他学习向来踏实认真，成绩一直优秀，最后的高考分数超过了大学的录取线。但那年9月他没能进入大学校园，而是被县文教科安排到偏远的红格区猛新乡小学去当代课教师。

任教一年后，他被调至红格新民公社的水平大队村小，学校有一到四年级，但只有他一个老师。白天给孩子们教些读书识字的基本功，晚上就在唯一一间教室的隔壁房间休息。村里大队部有时开忆苦思甜会，也是聚在村小的教室中。

1963年，社会主义教育运动轰轰烈烈开展起来，工作组大批进驻基层，同时，一些大学生也来到村里实践锻炼。他们被要求“和贫下中农结合”，与他们同吃同住同劳动。然而当时贫下中农的条件，能有多少余力接待这些城里来的大学生？于是，当有些年轻好动的大学生在开会时溜号到隔壁他的房间时，他总会客气地招待他们，给学生们烧上滚烫的开水，有时甚至分出自己为数不多的口粮。

一来二去，他和大学生们熟络起来。他那个几平方米的小房间变成青年们的乌托邦，大学生们重拾了自己的知识分子气息，他也得以暂时脱离平时枯燥乏味的教学工作，做回那个考上了大学的文化人。

他居室的墙上挂着一把二胡，自己手艺虽算不上精湛，但拉曲子唱歌仍不在话下。一次，两个学生又溜到他房里，要拿他的二胡来比划。兴许是动静太大影响了隔壁开会，学生们挨了批评，他安慰了两句，工作队说他“纵容学生反对召开声讨大会”，与工作队唱对台戏，他去找工作队理论未果，一个队员便造谣说，他和几位大学生中的一个女学生有恋爱关系。

他去找造谣者当面对峙——“你不实事求是地调查研究，胡说八道，能把运动搞好么？”那人无言以对，却向上报告，说他“对抗工作队”“破坏纪律”。第二年，工作队召开全乡大会，批评他的这些“罪行”，不久，工作队和红格小学的领导联系，认为他“再教贫下中农的子女是误人子弟”。于是他被解雇，回到了会理城。

## 生存

“为什么我要被组织不明不白地冤枉？”很长一段时间内，这个问题一直困扰着他。

为了谋生活，他先是在工地上干了几个月夯土坯的活，后又被招进东街上的酿造厂，负责把捂好的麦子扛进蒸笼。他身形颀瘦，打小又没太多做重活的经验，每每把堆成泰山似的麦子扛上肩头时，都感觉像要被压得粉身碎骨一般。他知道，这活要是干久了，身体肯定要累垮，于是在看到林业局招募收松果的工人时，便毫不犹豫地报了名，离开了酿造厂。

1965年底，他成为林业局的临时工。入职培训结束后分配下乡时，他遇见自己当老师时有来往的新九林业经营所旧识。对方同情他的境遇，问他是否愿意去经营所做工。

新九在他遭受那次“暴风雨式洗礼”的地方附近，但他没有因此退缩，而是欣然抓住了这个机会，在熟人的联系下被调至新九林业经营所。

“我在哪里跌倒的，就偏要在哪里爬起来。”他说。

会理地处川滇交界，季风气候典型，适宜橡胶树生长，树脂用作工业原料和国防建材，因而周边分布着几个林场。经营所的工作结束后，他被安排去红格林场当合同工，种植橡胶树和紫胶树，干的都是些挑粪犁地的体力活。

在那里，他遇见了那个和他同年入职，从百把公里外的益门镇调来的林姓姑娘。他们于1969年底在林场结婚，又在林场迎来了儿子和女儿的降生。几年里他们辗转于红格和永郎之间，最后落脚在益门森林经营所。由于他数年来工作勤恳，又为人老实，上级在1979年提拔他为副所长。

在林场劳动的爷爷（后排左一）

1979年对他而言是个集机遇与巧合于一身的年份。中共十一届三中全会前后，全党全国上下实行“拨乱反正”，他“历史反革命”的紧箍终被取下，在“四清”期间遭受的冤枉也被“一风吹”地平了反，“不予追究”。同一时期，中央提出“恢复公检法”，全国检察机关处于重建阶段。2月23日，第五届全国人大常委会第六次会议通过《中华人民共和国森林法（试行）》，为贯彻落实森林法，检察院面向全县寻找林业人才。他被组织部发掘时毫不知情，又一头雾水地被益门派出所所长发给了调令。

那时，他对检察院一无所知。

“黄色的树林里分出两条路”，他此时的境况与弗罗斯特的诗再契合不过了。一边是蜗居小镇，继续干自己轻车熟路的工作，况且林业局领导已经将他视为重点培养对象，在收到消息后又极力挽留，等在前方的大概率会是一路顺风的升迁；另一边是进城生活，在国家的法律监督机关有更好的发展空间，但面对的是完全陌生的领域，未来的走向不可预见。

很多人或许会纠结得茶饭不思，但他没有。他的想法很简单：进城，子女更有出路，至于工作，总可以重新开始学。

1979年底，他提着行李到会理县人民检察院报到。

## 爬坡

在检察院的一切都是新的。刚上任时，他在经济科做助理检察员，从零开始学法律知识和工作程序，办的都是和林业相关的案件，多是处理乱砍滥伐、毁林开荒等情况，动不动就往山里跑，“爬坡上坎”，用双脚丈量着凉山的森林。

在城里站稳脚跟后，他把两个孩子接进城上小学，妻子留守镇上。白天他在外工作管不了孩子，儿女们就磕磕碰碰地互相照顾彼此。“那段时间就是狠狠地工作，努力工作。”在争取了三年后，组织终于同意将妻子调入县林业局，一家人得以在会理城团聚。

1983年，考虑到他工作踏实负责，又上过高中，有点文化水平，政法委派他参与侦办会理镍矿的一起“重大强奸轮奸流氓犯罪团伙案”。他跟随工作组进驻矿上，暗访数月，多方奔走，成功破获案件，将犯罪团伙送上审判席。适逢当时全国范围内发起“严打”，大到杀人放火、小到偷鸡摸狗，量刑时一律从重。但受年轻时那段经历影响，他坚定地认为，“严打”宏观上有效削减了社会乱象发生，但办案时一定要更加坚持实事求是，决不靠着政策的风向得寸进尺。

上级惜才，多次动员他入党，他沉默不语。

那次挫折没有将他打倒，但确实留下了难以泯灭的疮疤。他只求坚持做好自己的工作，“不辜负那点工资”。

然而，随着知识的摄入和阅历的积累，他逐渐意识到自己所处的位置，对于庞大的国家机器的顺利运转，具有何种不可替代的意义。在政治觉悟提高的同时，工作中获得的满足感使他逐渐将这个组织视为归属，真切地感受到被需要和被纳入。

侦办林业相关案件时的爷爷（前排右一）

1984年，经过层层考核，这个曾经的“被针对目标”“举起皮坨（拳头）宣了誓”，正式成为一名共产党员。

## 后甜

1985年，北大法律系向检察院放出培训名额。由于他在侦办案件中的优异表现，加上已经入党，上级决定把这个难得的专业深造机会给他。然而，尽管简历、体检、政审均顺利通过，他却因为手头一件未了的案子最终没能成行。为了弥补这一遗憾，组织先是于1989年派送他到四川省级机关党校，接受为期一年的法律培训，取得中专法律毕业文凭；后于1995年送他去北京高级检察官中心受训三个月。

他在成都培训的时候，恰逢检察院筹备领导班子换届。此时他已升任为经济科副科长，进院十年来业绩斐然，为人清明正直，与人为善，多次获得“优秀共产党员”的称号。1990年，他被县人大提名为副检察长。12年后，为响应“退休让位”的政策号召，多给年轻人锻炼的机会，他急流勇退，结束了23年的检察官生涯。同年，他的小孙女出生了，于是他和老伴前往成都，给儿子儿媳搭把手。

“我的前半生真的很苦，但是后半生，”他嘿嘿一笑，“是真的甜。”

他和老伴在会理的居所，旁边是人大，斜对面是党校，背后是公安局，儿子因此打趣道，这格局暗示了他的一生都和党脱不了干系。因为当年的政策，他被拒在大学门外，又在血气方刚的年纪被运动挫去一身锋芒锐气，这一经历甚至部分重塑了他的性格，使他变得更加中庸而沉敛。然而，即使身负不能承受的生命之重，他依旧坚持一步一印地行走，

在检察院工作

最终寻见了光亮。头顶上，镰刀锤头红旗猎猎作响。

“社会在不断地变化发展进步，政策不可能永远正确，都有自己的历史背景，都在波浪式前进，螺旋式上升，确实符合这个哲学的道理。”

## 后记

辛丑年大年初三的早晨，爷爷说要带我去兜风。他从楼下柴房里推出那辆90年代的摩托车——我小时候，爷爷经常骑着这辆摩托带我到处逛，他怕我坐后面掉下去，一直让我坐他前面的油箱上——让我跨上后座，一路开出城外。

我们顺着乡间的田埂公路游走，天朗气清，远处山丘的倒影映在路旁的水田里。路面平整，环境清洁，没有了前几年到处散落着的红色鞭炮纸屑，也没有了水渠里堆积阻塞的垃圾。

爷爷的话音留在耳畔的风中。

他说：“你看，这就是社会主义新农村了。”

# 土地的变迁，爱与亲情

吴彩华

当我敲下“土地”二字时，我首先想到的是什么呢？不是田园牧歌般的美景，也不是被诗人们所歌颂的乡愁的承载之物，而是12岁那年，脊背弯下去收割稻谷的感觉。头顶烈日，天地像一个闷热的大蒸炉，炙烤着身在其中的我。被割断的稻叶散发出浓烈的青草味，直冲鼻端；脊背弯成90度，右手一把把抓起稻叶，左手挥着镰刀。脊背弯得久了，再直起来时便针扎一般疼痛。当时脑子里只有两个念头，就是“天气怎么这么热”和“什么时候才能收割完啊”。与我相反，我妈巴不得太阳来得再猛烈些，再炙人些，因为炽热的太阳才能把打谷场上的稻粒烘得干燥发烫，散发出稻粒的清香；我爸巴不得能一直收割下去，因为“一直有得割，就一直有得赚，多好”。

当我向我的爷爷、我的爸爸提起“土地”时，他们又会想起什么呢？想起了关于土地的艰辛、困难、苦难，想起他们流过的汗水，想起时代变迁中土地的变迁，想起了土地上的爱与亲情。

**爷爷奶奶的土地往事**

1982年开春的某天早晨，我爷爷、二十五伯父、十四伯父等壮年劳力聚集在土屋厅堂中，或坐或站，将目光聚焦到当时的生产队长、十一伯父身上。分田到户的春风终于吹进了这个处于广西中部腹地的小村庄中。爷爷打着赤足，脚上一层厚而硬的胼胝，糊着一层半干未干的泥巴。时年51岁的他已经在生产队中度过了30余年的劳动生涯，没有想到竟会等到生产队解散、分田返户的这一天，也不知道往后的光景怎么变化，只是大家终于不用在一个锅里搅稀粥了。凭借着小学六年级的学历，爷爷当上了村长，兼任会计。他坐在一张书桌前，摊开了记录本。

按照当时田地总面积和人头数来划分田地，每个人可分得七分田。田与田之间也分三六九等，好田与差田之间差着十分气力。好田脚程近，田块平整，容易集水。这好田中的好田，当属厅堂外福山岭洼[1]一片的田，靠近大路，容易运输，又有池塘在一侧，好输水。而地处星垌的田，则是劣田中的劣田。脚程远，水利未修，田间小路阡陌纵横，一下雨就泥泞不堪，空手都难走，更别说还要扛运稻捆了。一张纸签就能决定往后田地使用权的归属，谁不紧张呢？一亩亩田地，早就被测量好面积，用相对位置“锚定”好名称，再把这名称抄写在白纸上，将白纸卷成一个细长卷，投进一个陶瓮里。大家目光寸点不离陶瓮，当时的生产队长、我十一伯父按住陶瓮，“咚咚咚”地摇匀了瓮肚里的签。“一个个来，一个个抓。”抓到好田的，大喜；抓到劣田的，就低低咒骂一声，往地上吐一口唾沫。我爷爷心情复杂，抓到签的人走到他面前，报出自己所抓签儿上对应的田，由他一一记录。从早晨到中午，田地划分完毕。

奶奶得知我家抽中的田，两亩在大撑垌[2]，算是中等

1 地名，按照客家话音译。
2 地名，按照客家话音译。

位于福山岭洼的“好田”，靠近大路，抽水方便

田，两亩三分却在星垌[3]这个“鸟不拉屎”的山岭洼里，又得知十一哥家抽中的田全部是挨着厅堂的好田，当即把饭碗一撂，脸都拉长了。

晚上她将纺纱机踩得吱呀作响，带着怨气，和我爷爷吵开了。“抽中这样的田，脚程远，土质不好，怎么做得来?”“你这个村长，还没有人家十一哥有手段，好田都

3 地名，按照客家话音译。

位于星垌的“差田”，现已修有水渠，便于灌溉

被他们抽走了，太气人了。”“当时组生产队的时候就没有人愿意和十一哥他们组，嫌他们人太精明，你当时说没关系，和他们组了，现在知道吃哑巴亏没有？”爷爷坐在小板凳上，双手搭着膝盖，神色黯然。他心知自己是村长，又是村里的会计，平日里忙于村务，四分之三的农活都落在了自己妻子的肩膀上。看着妻子被晒得黝黑的脸，想到最小的女儿和儿子还在上学，家里的负担一点不轻，面朝黄土背朝天的生活不知道何日到头。如果能抽到一亩好

田，哪怕只是一亩，都能让妻子肩头的重担卸下一些。她一个女人家，还要从那鸟不拉屎的地方将稻捆挑回来，不容易。只是好田都让别人家抽去了。他隐隐觉得分田的事情落实得太过草率，有人接连抽中了几亩好田，有人一亩好田都没有。当初要是能想个细致的法子，均匀一点就好了。分田之事已经尘埃落定，个人并不能对抗这具有契约性质的分田仪式的后果。况且他这个村长身份横在那里，要是好处落在自己家，只怕别人在背后嚼舌根。奶奶的抱怨声依旧不绝于耳，怨怪起老头子脸皮薄，净让自己家吃亏。爷爷长戚戚地叹气，最终对我奶奶说："说不定的。田还没定下来，现在分给他们家，过三五年还要重新分过田的。"

毕竟当初还以为要在生产队里待一辈子，现在还不是分田到户了？过几年，田地再分过也不一定。可我爷爷奶奶没料到的是，简陋的抓阄仪式中确定的事，一直延续下来，从1982年到2020年，再也没变过。

## 爸爸的土地故事

三十年河东，三十年河西。当年大家伙儿为了一亩好田归谁种，暗地里不知起了多少波澜；而如今，僧少粥多，好田都种不过来，是“请”别人种自己的田，好让它不至于抛荒。80后、90后从学校出来后，没有选择回到村中接过上一辈留下来的犁锄，而是南下广东，流入佛山、东莞等地的工厂中，成为工厂流水线上的一颗颗螺丝钉。老一辈种田人逐渐老去，再也执不起犁锄，青年人又无一会种田，便将好田租给他人耕种。由于地形条件的限制，一些实在无人力可兼顾的劣田，渐渐长满了杂草。2015年前后，我家将在大撑垌的中等田转给他人耕种，同时承种了十一伯父、二十二伯父等在厅堂外的田地。

2020年清明前后，正值抛秧时节。我爸爸作为乡村教师，也是基层扶贫队伍的中坚力量。正是头春育苗的季节，他往对接的贫困户家中跑得更勤了。不为别的，就是要劝还有劳动能力的贫困户“靠自己的双手挣口饭吃”。对于吃低保的贫困户，国家落实了一个产业补贴政策：凡是贫困户耕种一亩田，每年可得500块钱补贴。自2006年起，十一伯父一家搬去城里住，便将他三块大田中的两块“租”给了我的二十五伯父耕种，租金是每年100公斤稻谷。2011年前后，二十五伯母在前往星垌巡田的途中，从田埂上摔了下来，被送进了医院。在医院出来后落了病根，全身麻木，再也不能耕种田地，家中的种田劳力只剩下我二十五伯父一人。这一条件符合申请低保的原则，伯父申请每年种两亩地，得到1000块钱补贴。他一人实在吃力，爸爸也会帮着耕田。今年早春，爸爸往二十五伯父家中跑时，伯父正蹲坐在门槛上，头发灰白，脸色黧黑，将老旧的Polo衫卷起来，露出肚子上塌垂的肉。听我爸爸来询问情况，将手中的烟屁股往脚下一丢，踩灭，对我爸说：“老了，种了又不得多少谷，不想种了。”我爸何尝不明白伯父心中的小九九？种一亩田，要耕田、耙田、育秧、施肥、除草、收割、脱粒、晒谷，累死累活可得350公斤稻谷，一公斤稻谷才值两块钱；虽说有国家补贴化肥钱，可化肥钱是跟1982年的土地分配状况挂钩的，仍旧打进十一伯父的账户，到不了他头上。支撑伯父种地的动力，就是国家对他种田“奖励”的那一千来块钱。如果能不种田又得补贴，那就是一桩美事了。爸爸看着他这个哥哥两鬓灰白，脸色黧黑，一生劳作的辛苦都写在脸上，心又软了：“得谷不得谷都不紧要，连田都不种又怎么好报说种了？还是得种，耕田收割又不用你打理。”“是倒是这样说，只是耕田又要麻烦你了。”我爸1969年出生，今年51岁，在村中却成了最年轻的农民，还能开得动耕田机。义不容辞地，他将帮亲戚们耕田的重任揽在了肩上。

过得两天，等田地“喝”饱了水的时候，我爸就该耕田了。在农村社会中，只有中青年男劳力才担负得起耕田的重任，妇女不行，小萝卜头不行，老人更不行。耕田的工具从我爷爷时代的牛耕变成了爸爸时代的耕田机，但耕田花费的气力一点都不少。耕田机用汽油驱动，机头有油箱、一对大碾轮，头重尾轻。身高一米六的爸爸精赤着上身，短粗的手指紧紧握住机把，几乎是将自己吊在耕田机的尾巴上，用自己的体重去平衡它，好让这个头重尾轻的钢铁怪物哐哐哐地前进，不栽倒进泥水里。他跟在耕田机的大碾轮后，控制着机把，让这个钢铁怪物转头、回耕，碾轮溅起泥水，落在他的头发上、脸上，小腿没在泥浆里，活脱脱就是一个“泥腿子”。

## 对凋敝的农村与农业的反思

“阿妹，你们不是说想吃荸荠，我去给你们捡来了。”十四伯母手里拎着满满一菜篮的荸荠，荸荠上搭着些苦麦菜，放在我家院子门口。

十四伯母年近80，瘦瘦小小，骨子里却蕴含着一个农村女性的坚韧。和我妈寒暄几句后，便叫妈妈去摘她菜园子里的菜吃。我望着十四伯母顶着一顶棉帽，裤腿挽得高高的，露出一双瘦削的腿来，赤足走出我家院子；再望望地上一篮荸荠，一把青菜，低声向妈妈问道：“伯母怎么会捡荸荠给我们家？”“你伯母得知你爸爸爱吃，就去捡了。”十四伯母家和我家“搭伙儿”，爸爸帮他们家耕地，伯母便帮我们家抛秧。念着我爸的帮扶，十四伯母常常招呼我们去摘她家的蔬菜，这不得知了我爸爱吃荸荠，就立马下地去捡了送来。我掂着这篮荸荠，脑海中浮现出十四伯母顶着大太阳，佝偻着身体将荸荠一个个挖出来的样子，心中又是感动，又是难为情。要表达对一个人的感激，乡亲们不会说“谢谢你”，也不会说“今天我请你去吃饭”，而是说“我家菜多得吃不完，你家摘一餐来吃”，或者说“我们新得的玉米，分几条给你”。直到今天，我妈还打趣我，当年十四伯母的茄子结得像满天星一样密集，我一刻不停地撺掇她，叫她拿我家的节瓜去和十四伯母换茄子呢。这荸荠是不要钱的荸荠。自从农村三权分置政策[4]推行开来后，也有外地承包商走进村子里，租种村人的田地。2019年下半年，十一伯母家的三块大田被承包商看中了，以一亩500块的价格租给了承包商种荸荠。老人家不舍得买水果，承包商挑剩的荸荠成了他们的零嘴，不要钱的荸荠可比街头卖的荸荠甜多了。

不过十一伯母家的三块大田，今年是租不出去了。承包商在荸荠种植中没有挣到钱，不打算再租种了。这三块大田自然又是我家和二十五伯父租种着，如今田里已经稻苗青青，随风涌起阵阵稻浪。

## 那些随着田地逝去的

如果说，我爷爷奶奶是纯正的农民，我爸爸半只脚仍留在农民的门槛里，那我就是跃出了农门的孩子。一代人有

4 “三权分置”是指形成所有权、承包权、经营权三权分置，经营权流转的格局。实施三权分置的重点是放活经营权，农民能够将田地租由承包商耕种。

一代人的使命，上一辈为下一辈拼命流汗，就是希望自己的孩子将来不用以农业为生，而是可以干“坐办公室”的工作。前浪们胼手胝足，在土地里刨食，用种粮食的钱在城里置了一块地，在村庄之外建起了新的房子，好送他们的孙子孙女在城市里上学。随着田地荒芜而逝去的，不只是一代人的岁月与恩怨，还有一个大家族内部基于血缘和地域关系的联结。老一辈的人都有一个排序，比如十一伯父行十一，二十五伯父行二十五，我爷爷行二十一。新一辈的人散落在城市各处，互不往来，已经排不出一个排行；村中的老人死去了，血缘关系稍远一些的年轻人已经不会再回来奔丧；70年代的土房子在风雨侵蚀下摇摇欲坠，终于“哗”地一声倒塌，不会再有人回来，在它的地基上重新修建起崭新的砖房。我遥望着父亲吃力耕田的背影，已经暗暗下定决心，从我开始，要去结束祖祖辈辈面朝黄土背朝天的生活。但这并不意味着我会遗忘土地的赠予：我从土地中走出来，土地给予我的，是底层本位的思考模式；是对底层民众生活的关注和反思；是像成熟的稻子一样低头收敛锋芒；是踏踏实实，将根深深扎在土地上，枝干尽情向天空舒展，去探寻土地之外的人生。

# 迁徙、归航——故乡是朵云

祖辈好像是从高处倾倒下去的一杯水，在落地的时候就四散开来。千禧一代见证了社会的高速发展，父辈、祖父辈、曾祖辈的经历也各不相同，然而无论是数千公里的迁徙、数十载的归航，还是家庭中的孩子们陆续离开山村走入城市，都呈现出个人与家族在国家崛起过程中坚韧生长的轨迹。

# 我的阿公：
# 20世纪华人的南洋故事

黄盈芳

## 一场未知的旅途——下南洋之路

民国时期，政治动荡、战乱频繁。为了躲避战乱与改善生活，不少来自福建、广东等地的中国人选择下南洋谋生。在战乱之中，人们买船票并非容易的事，必须靠抽签才有机会得到一个宝贵的船位。船舱挤满了下南洋的人，他们大多没有行李，只有几套衣服和一张船票。而我的阿公[1]，正是中国人移民东南亚第三次浪潮中的一员。

1　闽南人、潮汕人、客家人通常称呼爷爷、奶奶为阿公、阿嬷。

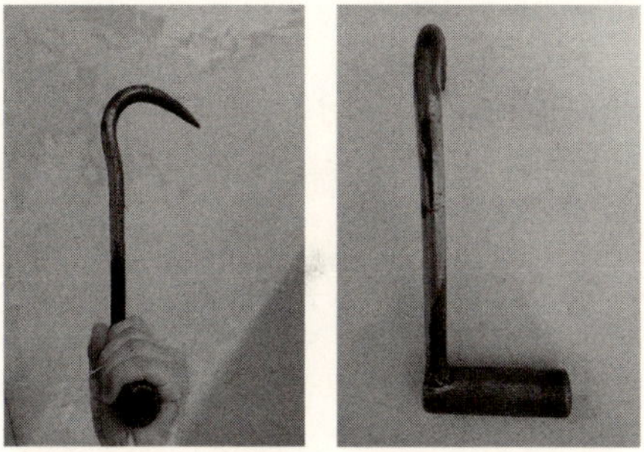

当年阿公在码头工作时所使用的工具之一——铁钩，铁钩上的锈迹斑斑是岁月的沉淀，是阿公当年依靠双手劳动来谋生的最佳证明

20世纪30年代末，年幼的阿公和弟弟两人背起行囊，踏上了下南洋之路。这一离开，便是四十年。

新加坡地理位置优越，乃东南亚的转口贸易中心，当时有许多从中国南来的船只停靠在新加坡岛。瞭望茫茫大海，阿公带着离乡的伤感、迷茫与希望，在长达一个月的航程里坚持了下来。在新加坡落脚后，他在当地华人经营的传统咖啡馆当“咖啡仔”（服务生），赚取微薄的薪水。几年后，阿公乘坐火车来到了英属马来亚的巴生港，开启崭新的南洋生活。

抵达巴生后，阿公开始在北港从事码头搬运的工作。

根据父亲所述，码头工人会利用铁钩插入麻袋，用力向上一提，将麻袋放到肩上，便于在货船和仓库之间搬运与卸货。传说百余年前，在港口码头当苦力的工人合众捡起草药、购买猪肉，以烹饪肉骨汤。肉骨汤烹煮简单、价格便宜，配以茶饮享用，足以让辛苦工作的华工们饱餐一顿。肉骨茶成了一代又一代南洋华人的专属记忆，亦成为如今马来西亚华人最具代表性的食物之一。细细品味肉骨茶的飘香，总让人忆起华人在南洋打拼的故事。

1948年，英国宣布成立“马来亚联合邦”，后又颁布戒严令，并实行居民登记，也不允许人民随意赴中国。在乱局之下，阿公从此在马来亚落地生根，故乡就此成了远方。

后来在一次机缘巧合下，阿公经亲友介绍结识了阿嬷。两人大约于1950年结婚，并于1953年迎来他们的第一个孩子——我的大伯。

历经各族人民一系列的反殖民斗争后，英国最终同意马来亚于1957年8月31日独立。在新的政体下，《1957年马来亚联合邦宪法》第17条登记公民权（独立日时居留于联邦之人士）指出：“年龄届满18岁或以上在外国出生，在过去7年中有5年居留在马来亚联合邦，同时愿宣誓效

THE CITIZENSHIP (REGISTRATION AUTHORITY) RULES, 1957
Form N.1—(Rule 18)

Certificate of Registration

Whereas ......
has applied to the registration authority for registration as a citizen of the Federation of Malaya under Article ...... of the Constitution of the Federation of Malaya alleging in respect of himself/herself the particulars set out herein and has satisfied the registration authority that the conditions laid down in the said Article have been fulfilled:

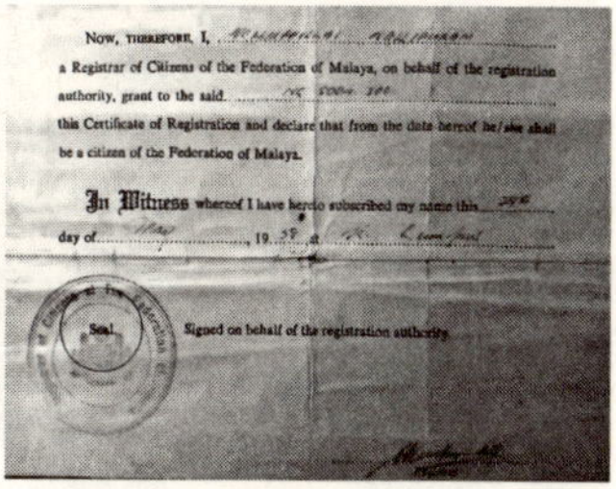
Now, THEREFORE, I, ......
a Registrar of Citizens of the Federation of Malaya, on behalf of the registration authority, grant to the said ......
this Certificate of Registration and declare that from the date hereof he/she shall be a citizen of the Federation of Malaya.

In Witness whereof I have hereto subscribed my name this ...... day of ......, 19.58 at ......

Seal. Signed on behalf of the registration authority.

阿公于1958年取得马来亚公民权证书

忠，且通晓马来语者，即可登记公民权。”为争取权益，已成家的阿公申请登记为马来亚公民，并于1958年顺利取得公民权。

## 朴实的南洋生活

在南洋结婚后，阿公聘请几个干建筑活儿的工人，盖了一间小屋。我的父亲便是在那间亚答屋（源于马来语Atap）里长大，度过了快乐、纯粹的童年时光。亚答屋的墙面以木板制成，而陡斜的屋面则是用棕榈叶铺盖，极具传统的南洋

右侧房屋是当年阿公一家人的住所

建筑特色。亚答屋内凉爽通风，正应和赤道国家炎热的气候。但由于亚答屋的构造材料属于易燃品，因此容易引起火灾。每当听见远处发生火灾时，阿公便带着一家大小急忙地收拾东西逃命。所幸的是，阿公一家人所住的亚答屋未曾遭遇火灾的肆虐。直到他们搬走的几年后，当地的多个亚答屋在一场大火中全被烧尽。

码头工作采取三班制的轮班，阿公有时是清晨上班、晚上下班，偶尔则晚上上班，清晨下班。阿公利用下班的闲暇时间，在住家附近找了一片废弃的荒地，用以种植甘蔗、波罗蜜等热带水果。据悉，那片小小的果园也曾是父亲和伯

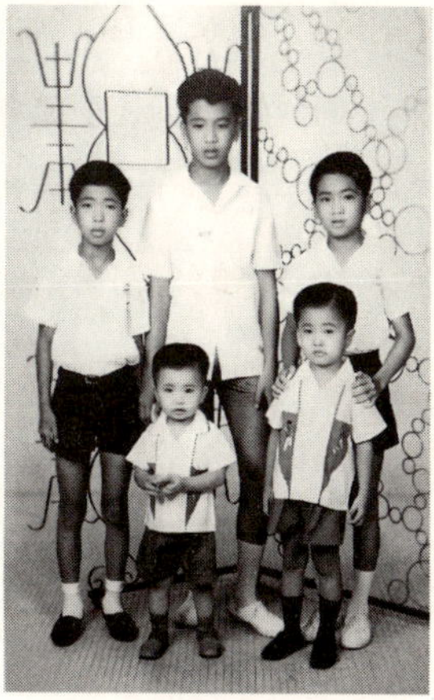

黄家五兄弟的童年合影

叔们放学后的玩乐之地。阿嬷会把成熟的甘蔗削皮切成均匀的片，然后用竹签把10到20个左右的甘蔗片串成一串。在马来亚独立前后，华语话剧在各地盛行一时。戏台一搭，各类流动的小贩蜂拥而至，等待人潮的出现。二伯放学后，便会将那些“甘蔗串”拿到戏台附近售卖，一串约两分钱硬币（当时的马币市价）。观众一面观赏话剧，一面吃水果解渴。颇有几分创意的甘蔗售卖方式受到了许多人的喜爱，而赚到的收入得以些许减轻阿公一家的财务负担。

作为一家之主，阿公扛起了全家重担。但为帮补家用，能干的阿嬷除了处理家务以外，也经常烹煮面条、米粉和咖喱，一早摆在自家门前售卖。在回忆的过程中，父亲愧疚地说道："当时我和弟弟两人还小不懂事，起床后便开心地享用母亲煮的早餐，把这一切当作理所当然的事情。现在每每忆起那碗米粉的味道，才真正体会了父母当年的不易。"在困窘的生活环境下，阿嬷也曾替他人洗衣服、带小孩。年轻力盛的三伯则在家门前兜售美味小食、零嘴，还有当时非常流行的"地甘"（源于马来语Tikam，一种儿童抽奖游戏，流行于20世纪60到80年代的东南亚），吸引了不少住在附近的大人、小孩前来消费。

在南洋站稳脚跟的阿公始终惦记着中国的亲人，尤其是他日夜念想的母亲。马来亚独立初期，对与中国人民之间的往来有严格的限制。直到1974年，马来西亚第二任首相敦拉萨访华，正式打开了中马两国建交的一扇门。随着中马关系进入新的发展阶段，双方在政治、经济与文化方面的友好交流与合作逐渐开展，马国政府才稍微放宽公民访华。在经过多次申请后，阿公终于踏上返乡之路，回到中国探望年迈的母亲与兄弟。

离家四十年后，阿公终于有机会返乡。
上排左起为叔公(三爷)、大伯公(大爷)
和阿公，坐着的是祖嬷（曾祖母）

在南洋生活的日子里，阿公常让二伯代笔写信，内容多是问候远方的亲戚朋友及报平安。据伯叔的回忆，每次写信时阿公的神情总是特别严肃，更不愿让周遭的人干扰他的思绪。在那个互联网尚未普及的年代，一纸素笺写满的是阿公对家乡的眷念，而寄出后便是几个月漫长的等待。阿公省吃俭用，时不时就通信汇钱给泉港老家。在阿公去世后，父亲五兄弟依旧遵循他的心愿，每逢过年过节就寄钱回乡，直到中国亲人的生活改善了才停止。

华人移居南洋，因素不外乎是战乱、饥荒、旱灾等。这些移民一般来自闽粤地区的农民家庭，教育水平低，因而大多数为文盲。虽然阿公并不识字，但他清楚地知道：教育可以改写人的命运。十分重视子女教育的阿公，始终用双手赚来的血汗钱培育孩子们成人、成材。

早年下南洋的艰苦经历，锤炼了阿公作为海外赤子的民族精神。在多源流环境中，阿公秉持高度的文化自觉与自信，在包容和学习他族文化之时，也坚守自身的民族文化。在阿公眼里，华文是华人文化的根。除了三伯以外，阿公让大伯、二伯、五叔及父亲在巴生港口青年华小接受小学教育。而大伯和二伯小学毕业后，继续在华文独立中学[2]接受母语教育。当时阿公这份不可言喻的坚持并不被二伯所理解，早已计划要到国民中学念书的他曾在一气之下将报名表一手撕烂，以表示内心的不满。或许来到了全球化的今日，我们才懂得了阿公当年的苦心。

2　在马来西亚《1961年教育法令》的实施下，一些华文中学坚持母语教学，拒绝改制为国民中学或国民型中学，因而被迫成为自行筹措经费的独立中学。多年以来，民间马来西亚华人出钱出力，维护与发展华文小学、华文独立中学。

## 艰苦奋斗的平凡一生

在马来亚独立后，政府大力改善乡村的医疗、卫生、水电、公路及通讯等基本建设，推行出口导向型经济，人民的生活水平逐步得到提升。80年代初，大伯、二伯和三伯先后步入了社会，正式进入职场。虽然当时的生活仍不富足，但相比以前，阿公肩上的负担小了一些，全家人也从原本的亚答屋搬迁到新式的单层排屋。

劳碌了大半辈子，阿公却没有“享福命”。1985年，阿公在码头工作时血压突然飙升，感到晕眩而从集装箱高处坠下，结束了59年奋斗的平凡人生。阿公在南洋开枝散叶，在他的晚年，马来西亚对他来说是一个承载着一代人汗水与梦想的地方。南洋都市——巴生，更是留下了许多华人先辈创建家园的历史印记。大堂姐曾忆起，阿公带着年幼的她骑自行车去兜风，路途上唱着一首闽南歌曲《工厂妹》。这些幸福的时刻留在后世人的脑海中，只愿时光的更迭永远不会磨灭这些珍贵的记忆。

阿公离世后，大伯、二伯和三伯合力出资供父亲与叔叔深造，两人后来皆毕业于高等教育学府拉曼学院，完成了阿公的期望。黄家五兄弟相互扶持、赡养阿嬷，并相继成家。

## 下南洋，望南洋

自中国改革开放后，中马两国的邦交关系保持健康稳定的发展，民间的往来也越来越频繁。2005年，二伯与父亲开启了重返中国福建的寻根之旅，追溯阿公曾经的足迹。父亲回忆道，这趟旅途令人百感交集、感慨万千。尤其在祭拜祖先时，父亲总不禁回望那些烙印在我们身上源远流长的文化印记。

在战乱的年代，尚未成年的阿公离开了母亲的怀抱，驶向未来和远方。于他而言，南洋或许是迫使他放下亲情牵绊的绝望之地，却也是开创新梦想的希望之地。21世纪的今天，人民当年艰苦的日子已逐渐远去。从华侨到马来西亚华人的身份演变，在马的南洋华人已从祖籍地认同发展为对马来西亚族群、国家的认同，从而改变了对文化价值、生活方式的选择。第一代、第二代的华裔传承中华传统文化，伴随历史的积淀，创新出一套与当地特色融合的文化习俗。作为第三代华裔，我生长于多元民族、多元文化互生共荣的国家——马来西亚，也成了这片土地的继承者。

下南洋，望南洋。在现代人心中，“南洋”或已成带有怀旧色彩的词语。祖父辈在这里所经历的过去、扎根的历史，构成了我们这代人独有的乡愁。如闽南老歌《爱拼才会赢》所言：三分天注定，七分靠打拼。阿公的身影已经远去，留下的是他面对艰苦生活的勇气、信心与力量。愿带着华人先辈们顽强的生命力，怀着那股浪漫主义的情怀，永远吟唱南洋华人的不朽之歌。

**后记**

对我来说，阿公曾经是一个陌生的存在。我没有见过他的身影与面孔，却经常听见他的人生故事。历史是记忆碎片的拼凑，很庆幸能在长辈的口述中一点一滴地勾勒出属于阿公朴实而美丽的一生。记得初来北京留学时，很多人问我：你的中文怎么说得这么好？那是因为下南洋的华社先辈在多源流环境中扎根民族文化，为维护华教鞠躬尽瘁，薪火相传。前人种树，后人乘凉。感谢阿公在南洋脚踏实地创建了家园，也始终坚持让父亲和伯叔们接受母语教育，让我们从来没有遗忘自己的“根”。而在找寻这宝贵的家族记忆中，这些历史再一次赋予了我们内心前进的力量。

# 一家人的“闯关东”

任碧萱

一代人有一代人的使命。人心初热，思潮百态，可哪一个人不是摸着石头过河呢？

——电视剧《大江大河》

## 闯关东与战争：初到吉林

中国近代史中有三大移民潮：闯关东、走西口、下南洋。“闯关东”形塑了现在东北地区的民生百态，如今东北族群的特征和肌理离不开当初的闯关东。“闯关东”的“关”和现在“投资不过山海关”的“关”是一个意思。严谨地说，“闯关东”是中国近代关中居民向东北移民的简称，始于清末，于20世纪后形成高潮。

无论是母亲的父母还是父亲的父母，都是闯关东才来到东北的。

母亲一家闯关东还算顺利，虽然来回两次，但没什么大坎坷。

姥爷名叫李之兰，生于1924年。最开始姥爷因为河北人地矛盾恶劣，吃不上饭，一个人直接移居到吉林省长春市，随后在长春市定居了一段时日。那时还是包办婚姻，关里家（指闯关东移民的老家）操心姥爷的终身大事，挑了媳妇（我的姥姥，张秀芳），特意把姥爷叫回河北成亲。后来姥爷又带着姥姥，第二次闯关东，回到长春。

饥荒是天灾，战乱是人祸，“天灾人祸”——其实无非是这四个字，让中原一带素来安土重迁的小老百姓不得不离开自己的家园，懵懵懂懂、迷迷糊糊、跌跌撞撞，一路颠沛流离到关外苦寒之地。

姥姥与姥爷还算幸运。关里老家位于偏僻村庄，偏僻到抗日时日本人都懒得打。他们只是吃不饱饭，没怎么受战乱之苦。即使后来长春围城，姥爷都抢到了人民广场上

如今的长春市人民广场

空飞机投放下来的大米。

但父亲一家的闯关东就没那么顺利了，他们的闯关东伴随着战乱。

我的太爷爷春荣和太奶奶玉荣原本住在河北省河间市任丘村（现在变成了市）。1938年，抗日战争开始了。也就是在那一年，年仅16岁的曾祖父参加了八路军，在二十三团卫生队服役，他的司令员是当时冀南军区首长。爷爷说太爷爷在世的时候总给他们讲抗日的故事。抗日战争的时候，我军装备水平和日本差距悬殊，因此伤亡惨重，负责医疗的卫生队是个社会网络节点，太爷爷在卫生队见过不少名将。

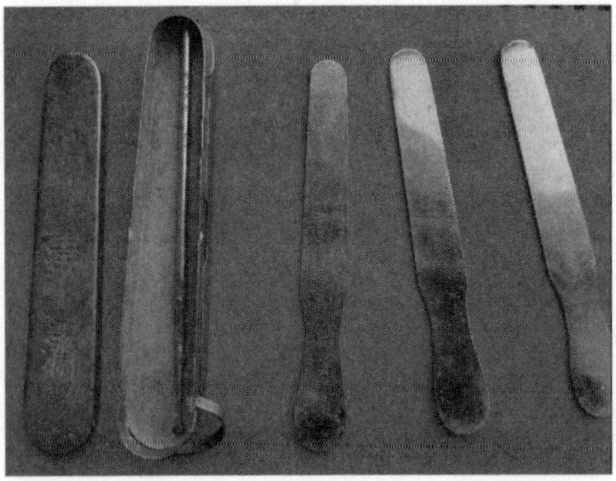

太爷爷从日军那里捡来的医疗物资

上图是太爷爷在卫生队时使用的压舌板，是从日军那捡来的医疗物资。左一和左二是盒子，左三、四、五是压舌板。不得不感慨当时日本科技的发达，一百年快过去了，这些物件依旧崭新，都没怎么生锈。

河北省位于山西省东北部，是抗日战争中沦陷区与未沦陷区的交界，既是抗日战争的最前线，也是战争最残酷的地方：百团大战和四一二大扫荡都与此有关。太爷爷参加过百团大战的子战役——“任河大肃”秋粮保卫战。

“任河大肃”是四个地名的缩写，即冀中平原中心的四个县：任丘、河间、大城和肃宁。

这四个地区，交通便利，有路；物产丰富，有粮。

有路又有粮，兵家必争。

原本“任河大肃”地区全部是我军的抗日根据地，但自从1939年日军会师华北后，这一地区几乎全部被日军所占领，每个道路上的瞭望台都有日军。行军不便，又正值秋收，于是中央派主力部队前来支援，抢秋粮，夺回“任河大肃”！

“任河大肃”秋粮保卫战很顺利，但遗憾的是，后来太爷爷所在的部队在1941年的大扫荡中被打散了。在那个通讯不便的乱世，太爷爷没能再联系到战友。再后来太爷爷回到了任丘村，但任丘村已经被日军把守，出村方向就是日军和伪军的炮楼，只许进不许出，到底未能复员。

1945年抗日战争结束后，太爷爷在任丘村当村干部，一家受军属待遇。但河北仍然有严重的人地矛盾，于是家里五个孩子中的三个哥哥——大哥书年（我的爷爷）、二哥书田（我的二爷）、三哥书元（我的三爷）决定闯关东，到了关东再想办法接济家里。

那段时期闯关东很不顺利。关东路上的关口层层审查，十分严格。三个爷爷被当作劳工，抓到了如今内蒙古自治区呼兰浩特市，干苦力。后来呼兰浩特发大水，他们又逃水荒，加上听闻东北地区物产丰盈到——“棒打狍子瓢舀鱼，野鸡飞到饭锅里”。于是他们再次闯关东，来到了爷爷的舅舅所在的吉林省公主岭市。

公主岭也不算富裕，因此当地人很排外，把闯关东的人叫作“盲流”。三个爷爷没有工作，只能自食其力，开小吃铺为生，卖饸饹、元宵、对联，等等。父亲家的人都烧得一手好菜，之前太爷爷还因给村里的红白喜事掌厨而闻名。

爷爷哥仨吃苦耐劳，并且勤奋好学，学习成绩都很好。但在当时最令他们困扰的是落户问题，没有户口就只能回河北老家挨饿。爷爷作为家里的长子，加上为了早点工作赚钱接济家里，没有继续念高中转而报了中专，到长春市地质学院学习。二爷后来得以去师范学校念书，三爷读完高中就去参军了。

爷爷牺牲自己的读书机会换得了一家人的落户资格，由此才算是闯关东成功，在东北正式落脚。但二爷心里一直过意不去，后来父亲和姑姑的上学问题和工作问题二爷都帮了大忙。

## 矿石、钢铁与工人

1949年以后，东北地区被誉为“共和国工业长子”，东北地区的单位制、城市化、工业化、国营经济发展水平走在全国前列。当时姥爷在东北长春市钢铁厂，全名长春市冶金局下属国营全民所有制钢铁厂，从事翻砂铸造的工作。工厂倒闭以前，姥爷一家的工作都是在这个钢铁厂解决的。厂里福利好，入秋发足冬天的大白菜、土豆子、胡萝卜。

工厂不仅仅是上班的地方，东北老一辈都懂。工厂是单位大院，是朋友亲戚在的地方。

以前啊，工厂就是家。

姥爷做事很认真。周末的时候掏炕下的煤炉掏得一干二净、一点煤渣也不剩，做煤球、拖煤坯子得心应手。大姨搬家的时候，姥爷用推车推东西，路上掉了半个砖头都要捡起来。

姥爷是共产党员，受党教育多年，为人善良。当时厂里的老范头摔下了楼梯，满头是血。老范头儿女不孝，无人看管，可怜兮兮，是姥爷把他送到了医院，一直看护到其康复出院。

姥爷勤劳肯干，年年都是长春市劳模。每天上班早去晚走。姥爷天天穿蓝色工作服，拎着两层的铝饭盒（和《红灯记》里的一模一样），里面装玉米面窝窝头，改善生活的时候就煎两个鸡蛋，加点咸菜。

姥爷是得矽肺去世的。我没有见过姥爷，但我从母亲和她的姐姐们口中，一直觉得他是天使一样的好人。姥爷当了一辈子老黄牛，勤勤恳恳，吃了一辈子苦。他在1983年1月2日去世，也就是这一年，改革开放的春风才真正吹到东北——允许做小买卖，大姨在这波窗口期里发了财，帮扶全家过上了好日子；那年之后工人条件也有所改善。

可惜姥爷没赶上好日子。

姥姥姥爷生了八个孩子。我的母亲淑新是家里最小的妹妹。她有七个哥哥姐姐，其中去世了两个哥哥，不然不会有后面连续五个女儿。二姨说姥姥重男轻女，所以一直生到第五个女儿的时候才罢休。第一个男孩因骨癌而去世，第三个男孩是因为脑炎。那时中国的医疗水平还很差，这两个病放在今天其实都可以医治，不至于丧命。

1953年，我的大舅培林，母亲家后来唯一的男孩出生了。16岁时他在“知识青年响应毛主席号召”的口号下下乡，在榆树生产大队。1973年大舅成为工农兵大学生在师范学校学英语。

其实大舅不喜欢英语，只喜欢做木匠活。毕业后，大舅被分配到建材局高级中学当英语老师。大舅也不愿意当老师，那个年代当老师还受人白眼。终于，工厂学校体制改革，取消了国营单位的办校资格，大舅开开心心地改了行，可以去工厂接着做木匠活了。

## 改革春风在东北：呼啸而过

虽然改革开放的政策从1978年开始实施，但改革开放政策的落地花了一些时日。

1983年姥爷去世后，全家人都很迷茫。大姨淑华，1957年生人。本来大姨也该下乡，但来要人的官员看她是家里老大，上有老下有小，于是睁一只眼闭一只眼，没管。而后她从姥爷手里接过了钢铁厂的班，和大姨夫成为工友，并在钢铁厂结婚。

大姨不仅接过了姥爷的工职，还继承了姥爷的精神成为家里的主心骨，主动挑起了帮扶全家的重担。但工厂里一个月20元的工钱并不富余，家里人口又多，日子很难。

东北的冬天是农业市场的沉寂期，市场上食物种类少，数量也少。改革开放的除了制度，还有思想，广东的商人在当时最先成为市场化的弄潮儿，抓住这个商机，把小广告传到了东北。1983年，春风终于吹到东北，工厂开始鼓励员工做小买卖，个体户“蹿上热搜”。

有货源、缺钱、不甘于贫穷、政策允许，大姨和大姨夫说走就走。

他们坐绿皮火车一路南下，到广东找农产品供应商。他们是东北第一批个体户，东北的农产品的市场、渠道、物流、供销网是他们这波人从无到有、摸着石头过河硬闯下的一片天地。大姨和大姨夫那时饱尝辛苦，每天晚上11点睡觉，凌晨三四点天还没亮就起床去清点货物、走街串巷、分发卖出。刚开始只卖广东的水产品，后来卖水果蔬菜，再后来有了下线分销商，不用亲自奔波。生意做得风生水起，甚至一度垄断长春的农产品市场成为当时长春市首富。

大姨大姨夫赚钱只是为了让家里人过上好日子，没有资本家的那种投机冒险精神，更没有韦伯所写的“宗教伦理与资本主义精神”。

“五朵金花”，母亲家姐妹五个，左一是母亲

后来，肯德基中华区负责人曾找他们做长春的总代理，80万加盟费打9折，大姨夫没答应。再后来，有人劝他们去做房地产。大姨夫一看需要贷款，便不愿意贷款去做更大的生意。全家人至今谈起这事儿都啧啧遗憾，但不后悔。

大姨帮衬了我家很多，母亲在长白山宾馆的工作就是大姨帮忙找的。长白山宾馆在当时是长春唯一的四星级酒店暨涉外宾馆。中日建交后，长春和日本各个城市来往很密切，以宫城县和仙台县为代表。母亲年轻时十分貌美，原本大姨安排的是文职工作，后来被调去当礼仪小姐迎接外宾。

每每看到照片中母亲年轻时的美貌，我都感到很遗憾，为什么母亲的瓜子脸我没遗传过来。

母亲其实是改革开放中没跟上时代的人。她在90年代东北国企员工下岗潮中正巧怀上了我，不方便工作，随后半主动、半被动地从长白山宾馆辞职，成为全职主妇。

社会学管这种现象叫“为母之罚”。母亲其实很有经商头脑，我偶尔会自责。

## “闯”关里，看今朝

年轻人想离开。

除了大舅和大姨家的孩子留在长春，其他人都北漂去了。二姨家的孩子，我的哥哥熙源，他和嫂子在北京定居，两个人都在银行工作，即将在8月1日生子。三姨家的孩子，我的表姐，现在也在北京，她在一家医院心外科室从事研究工作，新冠疫情时还随北大医疗队去武汉一线支援。四姨家的孩子，我的表哥，准备读大学和国防某部门的计算机博士双学位，以后也打算留在北京。

至于我，现在在北大念书，在北京被哥哥姐姐关照很多。

2020年赶巧被叫到深圳实习，领导问我以后想不想留在深圳，我一时语塞。东北计划生育执行得很严格，对我来说表哥表姐就是除了父母爷奶以外最亲的人，真的要我到一个没有亲属的地方去闯荡，我还真有点害怕。

东北人有种体制情结，总觉得体制外的工作没有体制内好。

但在北京，到底体制内好还是体制外好，说不上来。

哥哥有时会想“跳槽”到外企或者民企，虽然他现在的单位住房、出行、文娱、衣食都没什么大问题，但工资好像还是外企或民企高。姐姐嫁给了军人，之前计算机相关的部队有一波辞职潮，因为计算机人才的市场价格飙升，某互联网公司也给姐夫开了很高的价格，是体制内工资的近三倍，但他还是留在了部队。

其实改革开放一直在进行，并非一劳永逸。上一代人交了答卷，我们这代人还要接着努力啊。

现在一家人从东北又“会师”到了北京，闯关东又闯回了关里。

历史总是在轮回中制造惊喜。

# 出延边记

张正

初二的一次期中考试，我的作文得了相当漂亮的分数，并被拿在全班宣读，那篇文章的主题是“乡愁”——对于初一离开“家乡”来到很远的地方上学的我来说，这是一个可以倾倒少年时代许多忧愁的角落，也部分解释了这种忧愁。对于来自东北的我来说，红河谷是一个再好不过的承载“故乡”的载体了，尤其是父母出生的延边，秋天的时候红色和黄色的叶子会把河谷以及小山丘全部染红，而在亚热带红叶出现的时候，延边早已进入了阴雨绵绵的秋冬之际了。我时常幻想自己本该在中温带的河谷里漫游，如同奥德赛渴望回到家乡一样。拥有这种幻想，恰

2018年秋，长图线安图段，作者摄

好说明我并未真正见过那一丝秋天的颜色。

到大二的时候，我终于在国庆节回到了延边。火车驶过山海关，窗外的风景由南到北展开，过了吉林站以后窗外出现了我少年时代幻想的景色。我望着车窗外，先是感到兴奋并和同行的友人一起拍照，但很快便意识到令人沮丧的现实，那就是这片秋天我实际上从未“属于”过。我和这片土地并没有如此密切的联系，延边对我来说只是一个文化意义上的“籍贯”而已，因为父母都出生在这里。而我的父母只是在这里出生并长大成人，此后便不再久留于这片土地；我的祖辈则是在时代中被抛入这片土地，就如同犹太人被抛入埃及一样。我的家族一直在上演“回延边记”和“出延边记”的拉锯，而我的种种恋乡，在这里却一万句也顶不上一句。

一

父亲从来没有属于过这片土地，因为父亲的父亲不属于这片土地，父亲的父亲的父亲也不属于这片土地。用祖父的话说，这大半辈子，一直都是“盲流”罢了。

曾祖父早年和无数的“关里人”一样，越过山海关来到东北谋生活。逃离内卷化的山东意味着成为“盲流”，也意味着能够增加一点生存的可能。没有人知道曾祖父在东北到底都做了什么来谋生，但他在东北活了下去，还让我的大伯祖父、二伯祖父、姑祖母和我的祖父在东北活了下去，并且最后攒下了足够多的钱，在吉林市买下了几块地，这意味着他们在东北的土地上带着山东的种子生长出了新家。土改或许让曾祖父回想起了自己应该落叶归根，于是火速处理掉自己的地，带着四个孩子回到山东当贫农去了。东北就如同一个梦，圆了曾祖父能有块地的愿望以后便一切如初了。

一切都回到了原点，贫困的生活依然照旧。曾祖父和曾祖母幸运地看到了自己的孙子后才离世，可怜的是1949年才出生的祖父，从此变成了没爹没妈的孩子。

在所有孩子中，祖父恐怕是最有希望走出大官屯的人了，因为在安丘五中，祖父的成绩名列前茅，如果他的父母还活着，说不定他能够考上高中，又或许能够读到大学，然后真的做一个大官——要知道，大官屯在清朝时真的出过一位大官。但这一切都被伯祖父们的经济状况给击碎了。

于是祖父回到了村里，好在还是念过一点书，他当上了村里的团支书。那一年，祖父16岁。或许他能够开心一点，因为他一年后就会知道，如果读了高中，也是无法继续读下去的，反倒有一点文化基础的他能够更好地立足于村庄，等待着机会大干一场。

但时代那命运布光的手总是适时提醒那些希望挣脱的人，他们是舞台的主角还是提线木偶。祖父或许太想“大干一场”了，当运动来临时，他立刻付诸实践。村里的人，日复一日地过着他们那“水中的水滴”的日子，对于祖父这打破平静生活的行为感到十分错愕，其中就包括我祖母娘家的人。他们本来就反对大我祖父六岁的祖母嫁给祖父，运动又为这桩婚事蒙上了一层阴影。好在事情很快被叫停了，祖父失去了权力，又在姑姑出生后跟随当时的赤脚医生潮学习了一些中医知识，凭着这门手艺回到了他出生的地方，我的祖母则被留在了村里。

祖父落脚在一个朝鲜族村庄里，这里的人们热情接待这个唯一的汉族人，在节日时给他送去一份血肠和打糕，还请他喝自己酿好的米酒。他又像自己的父亲那样尽力活着，甚至把因为癫痫没有娶上媳妇的哥哥带到了东北来过活。

父亲出生后的第二年，唐山大地震毁坏了京哈铁路，祖父从山东回到东北的时间晚了一点。谁也没有想到那年的风波不仅仅是往来交通阻塞那样简单——当潘晓在《中国青年》上思索人生的路为何越走越窄时，祖父已经完全无法思考为什么自己过去的路就突然变成了错的。祖父无法想明白这一切，他彻底流落在东北的黑土地上，在各种意义上都变成了一个流浪者。

而在村庄的另一头，村里人的怨气总要找到一个出口，祖父缺席了审判，那么罪责就落到了祖母和她的三个孩子身上。无论是谁家的地里发生了少个萝卜丢筐苹果的事情，最后都要去祖母家里兴师问罪一番。在这种环境下，父亲度过

父亲（中）与哥哥姐姐

了饥饿且暗淡的童年。哥哥姐姐生活在这样的环境里，读到初一便全然失去了学习的兴趣，于是回到农田打发了自己的一生。而父亲学起了自己的祖辈想要离开这片土地的劲头，他试图考上中专，因为那是最快离开农村的方式。

为了读书，他被祖母托付到了自己住在大盛镇的姐姐家里。

考了两年以后，似乎一切都变得没有希望。但祖父那时候在延边州的敦化县恰巧想办法立足了脚跟。他做起了他青年时代恐怕无法想象的事情——边看病边卖药。跑遍敦化县所有的乡镇后，他逐渐积累起了一些名气，并且认识了一大堆政府里的人，后来还给他们看起了病。借着这个人情，祖父得到了他从没想过的一样东西——城镇户口。过去的生活需要土地维系着家庭的稳定，而现在又把家庭坍缩到一本薄薄的户口本上，并且拴上了各种更精致的条件，将人们从土地上解放了出来。

于是这个家庭随着这张纸又开始搬迁了。

曾祖父为了土地搬到了吉林，又为了土地搬出了吉林，而祖父为了户口又搬回了吉林。一进一出，我总是想起摩西和《出埃及记》，摩西找到了福地，而我的祖辈们总是能够不断地找到自己的家安放于何处。祖父甚至还安排自己的哥哥来到敦化落户，让全家人享享东北能顿顿吃米饭和白面馒头的福气——除了得了癫痫的大哥，某年大年初一他被发现发病倒在火坑里，烧死了，祖父可能想让他来世能够吃上白面馒头，于是把他葬在了敦化。他的一生永远也没有家，但也因为从未拥有所以从未失去过什么。而我的父亲也借着机会做了一把“中考移民”，最后考上了中专，执意选择了祖父不喜欢的专业，又离开了这个待了一年的家。

1992年春，摄于敦化县太平岭村。这里距离敦化县城不到3公里，祖父一家最后在这里安了家

## 二

相比之下，我的母亲在地理的角度距离这片土地要稍近一些。外曾祖父和他的兄弟当年为了谋生，从多山贫瘠的咸镜北道跑到了这个当时还叫“间岛”的地方。那时跨过图们江，基本上只用渡过这条浅浅的河而已。外曾祖父的兄弟在图们江这边住了一段时间，后来又回去，之后因为渡过图们江不再只是渡过这条浅浅的河，他再也没能踏上延边的土地。外公去寻根的时候，他们家的人丁已经十分稀少了。

在贫苦的环境下，作为长子的外公考入了黑龙江林学院，这让刚来到中国的这家第一代移民看到了生活改善的一丝希望。而外婆考上了吉林农学院，他们都成为了中国第一批完全在社会主义下培养的、贫农出身的林业人才，毕业后被分配到了黑龙江的林场里。当祖父一家被纳入公社的时候，他们则被纳入到“单位”里去了。

尽管跻身于社会主义的白领阶层，他们的条件也并不见得好到哪里去，毕竟林海雪原里的条件实在是太艰苦了。由于林场的医疗条件无法做解除肛门闭锁的手术，他们的第一个孩子来到人世几天后便又回去了。但最困难的并不是偏僻艰苦的条件，而是原生家庭的呼唤。歪嘴的母亲总希望女儿留在她身边才好，即使黑龙江林场的发展好于吉林的林场。外婆由于出身的关系，在那个特殊的年代并没有受到什么冲击，还因此获得了升职的机会，然而在长辈的坚持下，外婆竟然毫无怨言地回到了延边。这一回，让她的厂长之路推后了好几年。

由于这一调动，他们只能被先分配到安图县的三道沟林场——这是一个直到2015年依然没有手机信号的地方。当时大队和林场紧挨着，冲突简直是家常便饭，而外公来主掌这个林场后冲突渐渐消失了。直到2016年探访时，有人依然能想起这位郑厂长——尽管年事已高的村民甚至都误以为他们有5个孩子。这种优秀的工作能力，使得身为朝鲜族干部的外公依然能受到赏识并调入了和龙县头道镇的林场。外公和外婆就这样生在和龙县，长在和龙县，最后死在和龙县。

这时母亲一家应该已经达到了社会地位的巅峰——外公和外婆分别为两个林场的厂长。此时，从南方吹来的春风渐渐开始融化了东北的严寒。头道镇先是出现了一家酒厂，制造的酒在延边还算有名。更重要的是，它不是完全的国企，而是乡镇企业。同时，来家里拜访的人也越来越多了，带着的礼物也越来越好。大家都希望郑厂长能够稍稍“跟”一下时代，但外公拒绝了。有人说郑厂长不通事理，也有人说郑厂长暗地里见了更大的客户，有着更好的礼物。但母亲说外公在林场犯的最大的错，其实是判断错误种了一种效益不高的树，导致林场亏损。但亏损的也并不止头道的一家林场，人们都隐隐约约觉得林业在走下坡路了。国企改革已经不是遥远的未来，但林场的衰落来得还要再早一点。

改革的春风继续吹，头道人们的生活虽然依旧日复一日地过着，但每个人都感受到了时代切实的变化。

同样变化的还有外公的身体。他的身体一天不如一天，

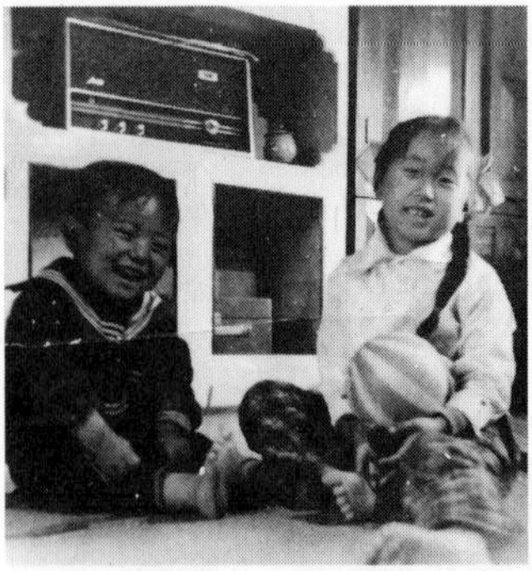

当时在头道的家里已经买上了收音机，电视机是过几年的事

最后被查出患有食道癌。外婆找了中医、西医和庸医，但情况依旧不可避免地走向衰落。

1992年，南方谈话发布，中韩建交。这对于延边来说是不小的事情，但外公对此都不知道。母亲中考前两个月，外公去世了，留下进了延边农学院的大姨、初中辍学的大舅、马上中考的母亲和刚刚读初一的小舅。本来打算让成绩还算优异的母亲读大学的外婆觉得还是让她读中专比较好，“这样比较好嫁人”，于是母亲放弃了师范梦，离开了头道镇，也永远离开了延边。

## 三

祖辈们或多或少受到求定意志（will to certainty）的影响，最终被命运牵到了延边；而父母则受到求知意志（will to know）的影响，又被命运拉出了延边，最后越来越远。

曾经参加过物理竞赛的父亲希望选择长春电力学院，因为“物理很好玩，捣鼓收音机很有意思”，看起来似乎有点草率的理由自然遭到了祖父的反对。祖父希望他能继承父业，这样他在敦化县的生意也可以越做越好。最终祖父拿着斧子追着父亲跑了一整个院子，也没能改变父亲的决心。而母亲则按照外婆的意愿考取了长春电力学院，外婆的期望是“毕业了能回来找个农电局上班”。

中专毕业前一年，父母恋爱了。祖父祖母并没有太多反对，但外婆却怎么也不肯。即使是90年代，朝鲜族和汉族通婚的情况也并不多见，更何况父亲的家庭条件远远差于虽然家道中落但是依然有底子、有单位的母亲家。外婆苦口婆心地劝说母亲，除了以上两点以外她还看到了父亲身上遗传的家族特质——不闲着，永远意图突破现有的界限。虽然不能说这种气质和冒险家或者朝圣者相似，但无论在农村还是单位，这都是一种破坏性的力量，将“如此生活三十年”直接搞到“大厦崩塌”。外婆警告母亲，如果跟了父亲，那么接下来的生活会十分动荡。母亲当时并不同意这一点，也并不理解其中的含义，义无反顾地跟着父亲毕业一起分配到了吉林松原的吉林油田热电厂。父母结婚两周后，外婆在家中突发脑溢血去世了，母亲没能见到最后一面。就这样，父母分别诀别了自己的家庭，诀别了延边，开始了新的生活。

松原是一座和大庆、阜新、盘锦差不多的城市，随着石油的开发才在1992年设立市治（也因此没有出现下岗潮），并随着资源开发让城市急速扩张。父母被分到采油二厂居住，这里到市区骑摩托车大概要15分钟，而到单位坐班车需要40分钟，小小的社区被农田和“磕头机”吞没，夏天天气晴朗时能看到玉米地的尽头电厂的烟囱凌空飞出几十米远。在这里工作六年后，父亲看到这里终将重蹈东北其他城市的覆辙，于是我们离开了吉林，顺着内蒙古的开发大潮被冲到了一座小煤城，又顺着西电东送被送到了贵州，然后又顺着新能源开发被推到了西北。做电力，便一辈子随着电飘来飘去，父亲说这是为了更好的生活，而我总觉得驱动的力量远远不只有生活。

祖辈好像是从高处倾倒下去的一杯水，在最终落地的时候就四散开来。我的祖母，以及和她一起来到这片黑土地的亲戚们永远离开了延边；而外公外婆去世后，本就散架的家庭最终彻底四散开去，母亲走出了延边，并且越走越远，走到了延边在中国地图上的对称点，其他的亲戚或回到了他们血缘的故土，或和母亲一样离开这地理和文化上的故乡。当过年回到延边时，我面对操弄着朝鲜语或者山东话的亲戚们，时常想着，如果延边是我们的迦南地……

但起码我永远无法回到延边了。

# 立湘

康之琪

爷爷是个农民。

他是个黝黑精瘦的老头，手上密布的老茧和砍痕，都随着皮肤的干枯而隐进深深的沟壑里，就像把曾经吃过的苦和受过的磨难，都隐进那段久远得几乎泛黄的岁月里一样。我出生后，他和奶奶从乡下来到城里，将我从牙牙学语一直带到步入小学，我却从未疑惑过，这样一双沧桑的农民的手，怎么写得满卷漂亮的毛笔字。

每次打电话，我们都讲不长，因为他日益浓厚的乡音已经使我听不懂大半的内容。但他每次都会在通话的结尾重复这几句话："要好好学习，好好做功课。好好学习，考起清华北大。”

考清华北大，在我认识的所有人里，他是唯一对我有这样期许的人。

## 一

爷爷立湘于1939年出生在湖南邵阳一个山村的小地主家庭里。

爷爷的父亲、我的曾祖父出身于贫农家庭，在年幼时被过继给一位家里没有孩子的堂叔。那家人对他很是喜爱，送他去读了几年私塾。曾祖父识得很多字，聪明伶俐，能说会道，村里的人常常委托他去帮忙打官司。后来，他进入乡政府任职，成了一名乡干事，慢慢积累了些钱财，买了十几亩土地。

立湘是家里的第四个小孩，在他前头有三个姐姐。他出生的时候，家里还经营着一家小杂货店，家境算是小有富裕。他又是家里的第一个男孩，很受重视。加之小时候身体虚弱，家中的长辈们无不对他加倍地关怀和心疼。

七岁的时候，立湘被送到学堂读书，摇头晃脑地读《学而》《先进》《大学》。1949年的秋季，有人来找到立湘的父亲，说应该把这孩子送去武冈城里读小学。于是立湘收拾了行囊，在家里一名长工的陪伴下出发了。

武冈城离家有50多公里，立湘和长工步行了整整两天才到达。他直到现在都记得到城里那天是阴历八月十二日（阳历10月3日）。到武冈的第二天，立湘去武冈自治小学报了名，交了学费，领回了课本。年幼的立湘对于上新式小学充满了幻想与期待，他望着崭新的课本，整个人都变得兴奋起来。怎料刚上了两天学，第三天，解放军便攻入了武冈城。

立湘清晰地记得当时城里的景象。大街小巷都筑起了岗哨，“子弹咻咻地从头顶飞过”，市民绝不能随意走动。10月10日，武冈城终于解放了，立湘的学校暂时被关闭。他只得再次背起行囊，步行两天回到了家。

回到家没几天，立湘的父亲因积劳成疾而病故，年仅37岁。他留下了身后的女人和年幼的孩子们，包括一个遗腹子。家里的顶梁柱没有了。

次年，轰轰烈烈的土地改革运动在湖南展开。立湘的母亲是一位身板瘦小的小脚女人，是小地主的女儿，自然这时无法再投靠娘家。于是她带着孩子们住进了小寺庙里勉强度日。寺庙里的佛像在夜里看起来獠牙怒目，吓人得很，孩子们一到夜里便不敢再随意张望。

1951年，立湘的母亲改嫁给了一位穷苦的农民。这是一个老实巴交的善良男人，在解放前一直娶不到老婆，此时终于得以娶亲，于是勉强接纳了立湘母亲带来的孩子们。可在12岁的立湘看来，这却是人生中最痛苦的一件事情。他是那么地想念自己的父亲，可他却只能把所有的思念埋进心底，再不敢说出。父亲去世以后，尽管家里的天缺了一块，剩下的人还能紧紧地凑成一团互相抚慰。可现在来了一个新的人，于是他被拼接进一个新的家庭里。这不是他的家了。

但日子总归是稳定了下来。立湘也得以重新上学，去读寨子里新办起的小学。他从四年级读到了五年级，成绩一直稳定在前几名。正要读六年级时，家里实在拮据，又有新的孩子出生，再供不起他上学了。

狮子寨完小的杨校长在新学期开始后发觉六年级少了一位成绩排在前列的孩子，于是便跑去问六年级的班主任。班主任告诉他，立湘的父亲去世了，家里没有钱给他读书了。第二天，杨校长亲自步行到立湘的家里，向立湘的母亲询问状况。立湘的母亲很是窘迫，可也只能一遍遍地告诉杨校长，家里确实没有钱了，再也掏不出一分钱花在读书这样奢侈的事情上了。杨校长觉得痛惜，便提出说他自己来掏立湘六年级的学杂费，立湘只要来学校上学就好了。于是立湘幸运地得以完成小学的学业。

## 二

小学毕业以后，读初中自然是不能奢望的事情。立湘开始在家放牛，帮着带新出生的弟弟和妹妹，做些杂活儿。他总是看着村里其他继续读书的孩子，满眼满心都是羡慕。

1955年，村子里组起了初级农业生产合作社，1957年又建成了高级农业生产合作社。立湘读过书，会算数，就当起了队里的会计。那时候有不收钱的民办初中，立湘太想读书了，便去报了名。读了几天，立湘的继父便不让他再读下去，因为家里实在太缺他这样一个青壮年劳动力了。

1958年的春节前后，武冈工业技术学校开始招生，立湘再次看到了读书的希望。他去参加了考试，成功地被录取了。可是村里却不愿意给他打户口迁移证明—— 一是因为他是地主的儿子，成分不好；二是因为队里需要他这么个会计。没有户口迁移证明，立湘便读不了书，只好作罢。

那一年秋季，新宁农林学校招生，立湘去参加考试，又被录取了。这所学校是公费，除了五元钱的体检费以外，读书不用再花家里一分钱。立湘在家里不断地恳求母亲和继父，又跑到队里软磨硬泡，总算是获得了继续读书的宝贵机会。林校毕业以后，立湘便被分配到紫云林场工作。

这一年，立湘经亲戚介绍认识了桂英，也就是我的奶奶。桂英也是地主家的女儿，但在她到了读书的年龄时，家里的田产和房屋都被没收了，穷得一塌糊涂，家里还缺人手照顾弟弟妹妹，便不让她去上学。桂英每年到开学的时候都自己跑到小学去报名，每年都被父亲拉回家。如此反复了三四年，她终于死了这条心。桂英这一辈子最终会写的字，只有她自己的名字。

桂英家离立湘家要走三个小时的山路，在那时的农村也算是远嫁了。但两人门当户对，这门亲事便算是成了。

1961年的冬天，在林场工作的立湘响应党的号召支援农业第一线，下放回到农村。新婚的夫妇俩没有房子住，便借住在立湘二叔的房子里，连婚床和被子都是找别人借的。新娘桂英自己从家里背了个破铺盖来，新衣服更是没法奢望的事情。后来桂英每每和孩子们回忆到这里，还总忍不住要掉眼泪。

1963年，立湘与桂英的第一个孩子德成在二叔的房子里出生了。那一年，夫妻二人攒下来些钱，开始在山里修筑属于自己的房子。怎料遇上大旱，田里颗粒无收，日子变得更加艰难。立湘和桂英兢兢业业地在生产队里干活挣工分，一次假也不敢请。

1967年，二儿子景成出生。

1969年，他们迎来了一对双胞胎女儿，将她们分别唤作老大、老小。老小还没来得及拥有自己的名字，在几个月时便因一场病夭折了。老大后来被取名为双萍，是个很乖巧懂事的女孩。

1973年，家里最小的孩子万成出生了。这便是我的父亲。

## 三

孩子们出生以后，立湘便把全部的希望都寄托在了他们身上。他盼望着自己的这几个孩子都能好好地读书，一路读上去，考大学，走出山里，他们的日子便会好的。

可眼前的日子仍然是贫穷而艰难。一家人一个月也不一定吃得上一次肉。德成和景成是家里的头两个孩子，于是他们的衣服便被一直传承下去，给双萍穿完了补补再给万成穿。邻居村支书家的小孩是家里所有孩子羡慕的对象，因为他们能时不时拿出一颗糖吃，家里还有一台电话。

立湘家的小孩都遵循着相似的成长路径：到了四五岁就开始下田干农活，去插秧、放牛、砍柴、打猪草、挑大粪。到了读书的年纪，孩子们便五点钟就起床去干活，干完活再拿上一颗红薯，走半小时的山路去最近的新农小学上学。

新农小学是村里唯一的小学。两层楼高的校舍是由土砖头砌起来的，窗户上没有玻璃，冬天的风呼呼地灌进来，所有学生手上和脚上都生满了冻疮。小学一共五个班，加上负责敲钟和做饭的职工一共六个老师，基本都是初中学历。只有语文课是用蹩脚的普通话讲授的，其他课都用方言教授。整个童年阶段，孩子们唯一的读物只有课本，课外书是没见过也没听过的玩意儿。直到万成四年级的时候，在外工作的二哥给他带回来人生中第一本课外读物《小溪流》，被他从头到尾反反复复翻了两年，翻得破破烂烂。

立湘很看重孩子们的学习。老大德成读书很自觉，老二景成则要顽皮叛逆许多，不肯沉下心思在书本上，总爱出去交些各形各色的朋友，没少挨父亲的打骂。双萍和万成都更像大哥一般，不需要立湘操心学业上的事情。唯独有一次家里来了亲戚，年纪最小的万成猜想这时候家里一定会摆出点稀罕的糕点来，他嘴馋，便偷偷把自己藏了起来，没有去学校上学。直到学校的老师找来家里问情况，立湘才发现万成竟胆大包天地逃学了，罚他跪在地上顶了好几个小时的水。在立湘看来，有读书的机会却不好好珍惜，是绝对难以宽恕的事情。

好在孩子们都算聪明伶俐，也肯用功，每个人的成绩都在班里数一数二。德成和景成考得好的时候，学校的老师和村里的邻居们还会夸娃娃好聪明；到了双萍和万成，老师和邻居都早已见惯不怪，觉得这家的孩子考第一是理所应当的了。万成还暗暗为此感到不服气，觉得自己努力的成果没有像当初哥哥姐姐一般获得口头嘉奖。

立湘虽然面上不表露，内心却是骄傲得很。乡里有人找来要和家里的男孩定娃娃亲，立湘和桂英都拒绝了，说我们家再穷，小孩子们也都要读书出去上大学，将来都是要做有出息的人的，现在不订娃娃亲。

转眼间，家里最大的孩子德成便念到了初中。这些年来，“成分不好”的阴霾始终盘旋在立湘和家人的头顶，德成也十分忧心自己没有资格考高中。直到1977年恢复高考的消息传来，中考招生也随之步入正轨，德成顺利地考入了县里最好的高中。一家人始终对这一机遇心怀着最质朴的感恩之情。

迈入80年代，家里迎来了天大的好消息——德成通过预考获得了高考资格，又通过高考被一所中专学校——湖南株洲冶金工业学校所录取。这是全村第一个考出去的人，也是乡里恢复高考以后第一批考出去的人，邻里纷纷感慨这穷人屋子里飞出了一只金凤凰，家里一时风光无限。德成动身去学校之前，亲戚纷纷凑出一块、两块、五块钱塞给他表示祝贺——这对他们而言可不是小数目了。

上中专学校有补贴，德成刨除自己必要的吃穿用度以外，还能留下一点补贴家用。立湘和桂英平日里除了下田干活，也做做米酒、磨磨豆腐卖点钱，酒糟和豆腐渣就拿来喂猪。日子总算是有了一点起色，也能看到点希望了。

二儿子景成也准备要中考了。景成是所有孩子里最叛逆的一个，爱跑出去玩，兜里明明没有几个钱却还花得大手大脚，总被立湘打骂。景成没有像德成一般考上县里最好的二中，而是只考上了六中。立湘气得要命，为了惩罚景成，整个暑假都让他六点钟起床去田里挖土，从早挖到晚。

六中从没有培养出过考上大学的应届考生，在景成就读的期间还改作了新宁职业中学。可谁想到高考之时，景成竟一举考上湖南农业大学，开了六中考上大学的先河。这个最不让人省心的孩子竟也争了一口气，这让立湘激动又欣喜。

女儿双萍却没这么幸运。双萍也是读书很厉害的孩子，中考却发挥失常，考上了县里更差的八中。立湘和桂英看读这所高中绝无上大学的希望，家里又拮据，再加上骨子里重男轻女的思想在作祟，便不让她再读下去了。双萍默默地答应，只身离开家前往深圳打工去了。后来的日子里，立湘的子女们纷纷成家立业，双萍是过得不太如意的那一个；双萍的子女们也没能有条件受到很好的学校教育——这都是后话了。

总之家里的孩子一个个都出去了，只剩下最小的万成。大的孩子都工作了，也都能补贴些家用。日子虽仍然穷，可也算越来越好了。

## 四

万成从小就是个腼腆的孩子，不爱说话，喜欢跟在哥哥姐姐后面玩。母亲桂英心疼这个老落（新宁方言，即家中最小的孩子），有一次想给他点零花钱，可家里没有余裕的钱，便给了一筐鸡毛让他拿去卖了换钱买东西吃。万成把鸡毛拿去小商铺，商铺老板看他年纪小好糊弄，便只给他一分钱打发了。回到家以后，桂英问万成鸡毛卖了多少钱，万成怕母亲伤心，不敢说出实情，便说卖了五分钱。

读初三的时候，万成开始住校。他想家，每天吃完晚饭都要在夜色里对着家的方向发一会儿呆。学校门口有一家小卖部卖烧饼，香气四溢，同学们都爱买来吃，他没有钱，只能光看着眼馋。农历八月十五的那天，他午饭没有吃菜，省下了一毛钱去买了烧饼，对着月亮将它当成月饼吃了。

中考的时候，万成以全区第一名的成绩考上了中专。立湘一方面希望万成上中专，毕业以后就能分配个好工作，尽快减轻家里的负担；另一方面却也觉得万成没准有希望考上个好大学。好在家里的高材生德成和景成纷纷出来说话，支持自己的弟弟去读高中，考大学，他们愿意帮弟弟补贴些钱。万成于是得以顺利地读上二中。

二中离家远，万成总是不舍得花一块钱去坐车，而是每个月走三小时的山路回家。其实那时候家境已经好些了，但万成一想起自己的父母身体不大好还要每天在田间工作，便觉得多花一分钱都在良心上过不去。

高考前三个月，万成忽然生病了，只能去二哥工作的新宁县第一职业中学休养了一个多月。大病初愈后参加高考，没考好，落榜了。立湘没说什么，让他复读一年。

一年以后，万成再次参加高考。放榜之时，二哥景成特地跑去长沙看了分数，说万成排在了全省一百多名。万成被华南理工大学录取了。

立湘家的孩子们，终于都走出了大山。

## 五

努力学习，好好用功，考上一个好大学。立湘对他的儿子和女儿一遍遍地这么说，又对他的孙子孙女们一遍遍地这么说。

我的高考成绩出来时，立湘早已不住在山上的老房子里了。我给他打电话，他听起来很平静，只是说好，好。第二天，爸爸告诉我，立湘回山上村子里了。我惊诧地问立湘回去做什么，爸爸笑说，当然是回去和村里的老邻居们炫耀去了，孙女要上清华北大了。

读书，考上好大学，找个好工作，过上好日子。这是立湘所能想到的最好的人生图景了。在家族族谱的《续修谱序》里，立湘洋洋洒洒地写道，希望“后起无拘，与时俱进，知行合一，创新创业，敢为人先，以利社会创敢精神，深感祖先隆恩”。

而立湘总结自己这一生时只是简单地说，如今儿孙们都好好读了书，该工作的有了稳定的工作，“我的理想实现了”。

（文中人物均为化名）

# 走出麻十坡

奉雨轩

## 一

1987年2月27日是令17岁的启文毕生难忘的一天。那天他上课上到一半，就被班主任单独叫出了教室。老师的话很简明扼要："你爸爸去世了，快回家看看去吧。"从县里的高中回到大山里的家需要四小时车程，启文昏昏沉沉地坐在大巴上，半路还遇见了同样搭车赶去奔丧的姨夫，姨夫紧紧抓着他的手，什么话也没有说。

启文突然想起来，就在十多天前，在县里看病的父亲专门走到学校来见了他一面，然后就提前出院回村了。他想，

1977年全家福

父亲是不是那时就已经产生了什么不好的预感。从启文有记忆以来，父亲的身体就不太好，常常浑身无力，每干一会儿农活就要休息一会儿。乡里的赤脚医生说这是肝炎，为父亲开了几方去肝火的草药；在他们这里，肝炎是不必大惊小怪的病症，所以启文从没想过父亲会突然离世，他还以为这样的情形可以一直持续很久。

大巴把他们放在了村里麻十坡的坡底，启文远远就能看见坡上的家里人头攒动。他一迈进堂屋就直奔父亲的房间，却发现床上空荡荡的，又穿过堂屋找到另一侧的卧室，还是不见人影。

这时候启文才发现，堂屋正中央就放着一口棺材，当他像没头苍蝇一样在屋里找来找去的时候，堂屋里黑压压的人都在沉默地盯着他看。启文向那个过分显眼的棺材走去，他的妈妈、弟弟和两个妹妹正在那里恸哭。家里人并没有把父亲过世的消息告诉远在外地读书的大哥和二哥，他是在场最大的孩子。启文突然觉得，弟弟妹妹们哭得太伤心、太可怜了，他们是孤立无助的孩子，至于他自己，应该是一个哥哥、一个大人了。

## 二

如果把时间倒退回三年前，1984年对于这个大山里的八口之家来说算是很好的一年。这一年发生了两件天大的好事，第一件是田里稻谷的产量翻了番，一家人终于不用再挨饿了。其实这是意料之中的事，杂交水稻几年前就开始在村里试点种植，今年农技专家终于指导到了这一带；村里人不懂杂交水稻的意思，但知道这种水稻不容易被风吹倒，以前收获的稻谷只能装满三个柜子，现在不仅填满了仓库，还要把装不下的堆在房间角落里。

相较之下，第二件喜事就意外得多了，那就是家里的大儿子启武考上了大学。启武是全乡历史上第一个考上大学的人。通知书是村长送到家里的，人人都惊叹山窝里飞出了金凤凰。其实大家都知道启武的学习成绩一向很好，但是没人想到他能考上大学，因为“大学”对于这个穷乡僻壤来说是如此触不可及的陌生意象。启武自己也没想过考上大学，相反，他觉得落榜了也好，家里正好需要他回来干农活。

对于这件喜事，最自豪的莫过于父亲名深了，他养育孩子的方式在村里一直显得很另类，如今却初见成效。别人家养的家禽、家畜大半都要卖了赚钱，但名深家即使攒不下钱，也要把肉全留给孩子吃，因为他觉得孩子需要营养。所以除了爱挑食的二儿子，名深家的小孩个子都格外高，这是第一点另类的地方。还有一点另类的地方，在于名深坚持要让六个孩子都上学。他家的小孩总是班里家境最差的那一个，因为和他家一样穷的家庭早早就让孩子停学务农去了，只有名深家的孩子，穷却还是要读书。

名深对孩子们的未来抱有很大期待，每次启武因为贪玩而在学习上有所懈怠时，他都会生气地拿扁担追着儿子一直打到田埂上。这应该归功于名深自己的那点执念，他不仅识字，还喜欢写诗和对联。大儿子出生的时候，他去找算命先生算了一卦，那签上写着“龙游浅海凤栖梧”，他就依谐音给儿子起了名字。如今他想，占卜应当是灵验了。

其他家人的喜悦则要实际得多，启武考上的是西安某学院计算机专业，这不仅是全国重点大学，更是一所部队院校，学生可以享受现役军人待遇，免除全部学杂费、生活费，还额外发放助学金；家人们则享受军属待遇，村里的领导每年会带糍粑和腊肉来家里慰问。这对于一个世代务农、没有固定收入来源的家庭来说，确实是天上掉馅饼的好事。

启武走的那天，乡里一齐放鞭炮欢送他。其他孩子远远望着他下山，有的还懵懂不知人事，有的却默默萌生出了同样的期望。

到了1986年，家里的二儿子启平和三儿子启文都到了准备考高中的年纪。老二启平本来比老三启文大了两岁，但因为身体问题反复停学，从四年级开始就和启文成了同班同学。他们两个上学时总会装上一大袋像红辣椒一样的棒棒糖，藏在宿舍里，两分钱一个卖给同学，以补贴家用。弟弟启文胆子大，敢在走廊里四处吆喝，哥哥启平就内向很多，不愿声张。老师知道他们家的情况，就对这件事睁一只眼闭一只眼了。

启平瘦弱多病，个子比弟弟还矮了一头；启文则是班上打架最厉害的孩子，外号叫“司令”，哥哥平日里受了欺负要靠他来打抱不平。启平觉得，自己反倒像是弟弟的跟班了，就连学习成绩也总是弟弟拿第一名，而自己拿第二名、第三名。正因如此，当父母反反复复在餐桌上提起家里只供得起一个孩子读高中的时候，所有人都顺理成章地想到，那个被选中的人会是启文。

两个孩子都没有对这个取舍产生太大的心理波动，因为这是唯一的选择。他们都清楚家里一贫如洗的情况，让成绩更好的孩子读高中、参加高考是最保险的做法。另外，启平还可以考中专，当时中专毕业后就能做干部，同样是令人艳羡的结果，更何况大部分考生都是高中毕业生，像启平这样直接从初中考中专，也是极少数成绩拔尖的学生才敢做的选择。于是家里一致拍板决议，二人的升学计划就定了下来。

直到五年以后，当启文在暑假里去二哥启平工作的单位找他玩时，晚上两个人挤在宿舍床上谈心，启平才第一次坦白说，当年他也想像大哥一样上高中、考大学，为此其实偷偷哭过很多次鼻子。

但至少在1986年，启平不负众望地考上了中专，启文也考到了大哥当年读书的县重点高中。未来似乎就快要走上正轨了。

## 三

1987年名深的葬礼结束以后，亲戚们就地集合召开了一次家庭会议，主要讨论的问题就是——剩下几个孩子该如何安排。母亲刘艳华毫不犹豫地决定，念书不能停，要坚持把剩下的四个孩子都送入大学或中专。但这样一来，家里的收入就成了问题，只依靠她一人供养全家太过勉强。自从国家经济政策慢慢放开，刘艳华一直在做一些小商品买卖，每个月搭班车去县城里采购生活用品、调味品和糖果，再到镇里一个月三次的集市上卖，赚得零星的差价。

亲戚们普遍穷但热心，可怜名深家的孤儿寡母。其中最有威望的是在隔壁村当校长的三姑父，在他的号召下，大家能帮忙的都来帮忙，有的借钱、有的找关系，想办法租到了镇政府边上好地段的一个二层小楼，让刘艳华在那里开了个小饭店，二楼又开成旅馆，很大程度上帮助一家人缓解了经济难题。

刘艳华自己打理餐厅旅馆，辛苦之余受了很多委屈。当时二层小楼有一半门面租给了另一家人经营相同业务，那家人原本就住在镇上，在当地的人际往来更加活络，且他们一家父母健在，四个儿女都不再读书、在店里帮忙，家里资本也充足，经营起来十分有余。这户“竞争对手”时常挤兑刘艳华，在背后诋毁她店里的做菜水准和清洁程度，还会恶意打折拉客。好在刘艳华性格泼辣，嘴巴厉害，才不至于没有生意。有时候遇上吃饭赖账的，她一在街上遇见对方就会追上去骂人；农村里抬头不见低头见，会赖账的一般也是因为手头没有钱，对方面子挂不住，等有钱了就会记得来还上。几年下来，家里的经济问题才慢慢改善了一些。

直到暑假归家，大儿子启武和二儿子启平才得知父亲已经过世。他们去了父亲的墓地，并不约而同地感到，现在轮到自己来做这个家的顶梁柱了。1988年，大儿子启武从军校正式毕业入伍，进入广州军区的一个导弹旅负责技术工作，

22岁的他把绝大多数的工资寄回了家里，资助弟弟妹妹上学。1989年，二儿子启平从中专毕业，在隔壁乡担任团委书记；两年后升任副乡长，成为了当时全县最年轻的副乡长，乡里的工资勉强够他糊口，但他还是节衣缩食资助家里。有两个大儿子的全力支持，家里剩下的四个孩子的未来选择都有了更广阔的可能。

也是在1989年，三儿子启文参加了高考。当时需要在考前报志愿，但是对于城市里的院校，家里人没有任何了解，决定只能全权交由启文自己来做。

启文最后选了北京林业大学，因为村里最值钱的东西就是森林和木材，也因为北京马上就要在1990年承办亚运会了。虽然他连一点普通话都不会说，但他想去亲眼见证历史。启文最后如愿考去了遥远的北京，也成为了那一年亚运会的志愿者，免费观赏了很多赛事。大学四年里，主要是大哥启武时不时为他寄来一些生活费，其余时候他就靠收集啤酒瓶、在学校办公室值班以及给学校倒磁带赚钱，还拿了不少奖学金和助学金，基本免去了大哥的负担。

还是在这一年，家里来了一个新的男人，名字叫伍玉常。当他第一次拎着橘子上门时，母亲刘艳华向还在家的四女儿望红、五女儿望青和六儿子启云介绍说这是一位亲戚。三个孩子见有橘子吃，全都兴高采烈地围着这个“亲戚”转。直到有一天，刘艳华让他们改口叫伍玉常“爸爸”，孩子们就谁都不乐意了。他们觉得这个“爸爸”很土，看起来思想和面貌比他们还要落后。

后来是性格最乖顺的五女儿望青第一个改口叫了爸爸。原来，热心的亲戚们觉得刘艳华需要有个帮手，就介绍了光棍伍玉常入赘她家。两个人见了一年多的面，逐渐觉得对方挺合心意，就把结婚的事定了下来。伍玉常是个极老实的人，他生活的村子比这里还要闭塞得多，单身汉现象很普遍。望青渐渐发现，伍玉常和过世的爸爸其实有很多共同点，会读书识字、喜欢作对联，比其他村里人有更多的思考和想法。她觉得，这也是为什么新爸爸愿意来到自己家的原因，别人都当这是个一贫如洗、有三个累赘般孩子的家庭，但他能感受到一些表面之外的东西。

后来的事实也证明，伍玉常确实是一位合格的继父，当下他就凭借出色的劳动能力分担了大多数家事；而在多年以后，当他可以随便依靠事业有成的孩子们时，他也从未答应过自己任何亲戚托人办事的嘱托。

就在伍玉常正式来到这个家的第一年，他决定陪伴三儿子启文一路前往北京上学。其实伍玉常从未去过这么远的地方，他的普通话讲得还不如启文，但他觉得自己得来，以一个父亲的身份。

## 四

1992年，家里的四女儿望红准备初中毕业后考中专。望红一直是家里的例外，她学习成绩不好，性格叛逆。为了让她能考上中专，家里在一年前帮她转学到邻县读初三，那里是继父的原籍所在地，少数民族多，分数线更低。但望红没能考上中专，只好继续在邻县读高中。高一的时候，望红不顾家里人反对，坚持把自己的名字改成了单字“恒”，只因她觉得原本的名字太土气了。后来在她的怂恿之下，耳根软的妹妹望青也把名字改成了单字“婕”。

高中毕业后，望红又没能考上大学，但她并没有就此安分下来。望红先是前往北京打工、投奔三哥启文，一年后回到老家的县城；随后又从县城前往广州打工、投奔大哥启武，一年后再次返回县城。当时，望红的两个哥哥也刚刚在

坡上的老宅

城市结婚、工作和定居，堪堪站稳脚跟，但还是给予了她住宿和生活上的充分帮助。对于城市，望红有很多向往，却在艰苦、拮据的打工生涯中屡屡碰壁。让她最终感到失望的那个瞬间，是发觉商店老板每天的工作“轻轻松松”却还是收入几倍于她时。望红并没有做好面对这种落差的准备，这次，她收拾行囊，永远地回到了安稳的县城。

1994年，五女儿望青和小儿子启云也从初中毕业，考上了当年大哥、三哥就读过的县重点高中。但是，他们的成绩都距离分数线差了一点，需要每人交近千元的赞助费才能被录取。望青和启云都心疼这么大一笔花费，一度产生了放弃录取机会的想法，但哥哥们和母亲还是尽全力凑钱让他们读上了重点高中。

一直以来，家里的其他成员都最怜惜这两个孩子，因为他们降生之后是家里境遇最差的几年，后来又早早没了父亲；小孩子无法忍饥挨饿，父母又拿不出吃的，只能放任他们因饥饿而嚎哭。望青一直是家里最懂事的小孩，她很早学会了忍耐，还不会走路时就扒在高高的门槛上，不哭也不闹，从一头挪到另一头，几年下来把门槛擦得锃亮。启云则是从出生开始就不得不挨饿，其他人省下一点用热水泡发的粉丝，时不时安抚性地喂给他吃，等到粉丝都吃完了，就只能把指头放到他嘴里，让他含着止住哭声。

所以后来无论何时、无论出于何种情况，几个哥哥都想尽全力帮他们一把。

望青和启云在初中时也曾是最优秀的学生，但一到县里的高中就开始跟不上学习进度了，因为他们曾就读的初中近年来教学水平越来越差，学生的知识底子普遍没能打好。所以三年后，望青和启云都只考上了大专。

1997年的大专已经和11年前启平考上中专时的情况截然不同，大专学历毕业后不再有铁饭碗般的工作，甚至自己求职也很困难。因此望青毕业后也学着望红的做法，试图在北京打工生存，也同样在一年后放弃并回到了县城。

启云则根本没有读完大专，他在全家人的保护和宠爱中长大，性格单纯而富有浪漫主义。

就读大专以后，启云发现人人都在打牌、恋爱，丝毫没有学习的氛围，再加上他从心底里觉得大专读出来也无用，就在写信通知家人后，一意孤行退学入伍了，两年后退伍归来，留在了县城工作。

对于家里三个最小的孩子在读书上的不尽如人意，启文觉得有他们自己的原因，有教育系统的原因，更有父亲过世的原因。他记得父亲还在世时，对他和哥哥们的学习是那样的严格，也记得父亲过世以后，家里是如何苦于维持最基本的生计、而没有人再去在意孩子的学习。启文是和父亲名深性格最相似的一个孩子，这是家族里公认的事实，有时从来信或母亲来电里听到弟弟妹妹们的情况，他也会产生拿起扁担教训他们一顿的冲动，但却因为不在身边而管教不及。

无论如何，家里的六个孩子最终都走出了村庄，或远或近地定居在了县城和大城市里。只有名深还留在麻十坡，但这应该会是他所乐见的结局。

（文中人物均为化名）

# 故乡是朵云

程梓怡

## 一

当汽车沿着弯弯曲曲的山路缓缓往上爬时，家乡早间的云雾又率先出来迎接了。这好像是我上大学之后第一次回老家。

我的老家在安徽南部的一个小山村，属于徽州边缘地区，村居半山腰的山坳处，人口不过百余人，因附近都是山地，土地大部分都开垦成了梯田，主要粮食作物为水稻，但灌溉系统并不好，只有小溪，没有河流，也没有水碓，加工稻米靠牛拉石碾围着圆形碾盆不停地转圈，直到20世纪70

老家所在的村庄

年代才开始有柴油碾米机。70年代中期通了电，80年代末通了乡村公路，在通公路前，从村子到县城得先走10公里山路再乘20公里公交车才能到达。

我其实并不算村里人，因为我的父亲通过高考改变了命运，毕业后在邻县谋了个生计，我生长在村的隔壁县城。虽然说是隔壁，但哪怕是村子通路后，交通依旧不方便，我每次回村看望祖父祖母，都要先从隔壁县城坐两个小时班车到村子所在的县城，再坐上从县城去村子的班车。村子闭塞，每天仅有上午下午两个车次，等车就要等上半天。回一趟老家往往是早上出发，傍晚才到达，山路又都是弯弯曲曲、上坡下岭的，我对村子的记忆很长时间都停留在望不尽的绵延山脉和不适难忍的呕吐感上。

## 二

车子兜兜绕绕，一会上坡一会又平路，司机不停地换挡，笑着说“这路不好开，需要技术”。车像是产生了共鸣，引擎不断发出低沉的声音，我们坐在里面仿佛都能感受到车身因费力而弥散出的热度。我随口附和说：“是啊，这大山里头，交通闭塞，您这头一次开，算是技术好的。”父亲抿了抿嘴，没说话。

父亲以前和我说过，这里穷苦闭塞、封建愚昧。

祖父祖母生养了三男两女，父亲1962年出生，是家里的老二，与老大相差四岁，父亲后面分别是两个妹妹和小九岁的弟弟。徽州地区重视文教，读书出来吃官饭是父母为子女筹划的上上策。在大伯读三年级的时候，因为和同学一起调皮捣蛋被老师狠狠责罚，一气之下发誓再也不踏入学堂半步。大伯是个犟脾气，祖父打骂无果，只能听之任之，村里有句土话道“长子不离灶”，意思是长子应该在家里主持家业、赡养父母，大伯也算有了不读书不出远门的理由。

大儿子学习指望不上，不如就全力培养二儿子，读书的担子压在了我父亲身上。祖父是农民，哪懂什么教育，只知道“棍棒底下出孝子”，又因为当时家穷子多，上学是一件奢侈的事，所以祖父对父亲的学习要求极为严格。父亲在村里学习成绩算好的，一次考了96分，全班第一名，高高兴兴把试卷拿回家给祖父瞧。祖父一看，斥责怎么没考到满分，然后就是一顿毒打。

祖父暴戾古怪的性格与其生活环境、生命经历息息相关。故事还要从上世纪初说起，我的高祖父有三个兄弟，他排行老二，他和大哥都只有一个儿子，大哥的儿子没成年就病亡了，留下一个童养媳，等童养媳长大，大哥从外村程姓人家招了个上门“儿子”，与童养媳成了家。那时候我的曾祖父，也是高祖父唯一的儿子，已经长大成人，对招上门的“外人”分了自己的家产很不满意，于是就把自己的伯父告上了县政府，结果败诉了，这场官司伤了两家的感情，从此两家积怨逐渐加深。

20世纪50年代，曾祖父家、祖父家与我的堂伯公家

炊烟与人家（摄于老家门前）

（即招上门“儿子”那一家）被划分到同一个生产队。后来，堂伯公当上了行政村的改革委员会主任。

那时，土地都是生产队统一种植的，每家农户只有0.08亩地用于种蔬菜自用，叫自留地，除自留地外，农户私自在其他任何地方种庄稼都是不允许的。可能是以前有规定但没执行过，或是规定出台第一年管理松懈，祖父开荒种玉米面积很大，曾祖父也种了很多地。到了夏天，公社动了真格，把每户私自种植的庄稼按面积折算产量，每亩按400公斤计算，待秋收分粮时扣，曾祖父家扣粮食200多公斤，祖父家七口人扣了400多公斤。到了冬天，曾祖父家粮食不够吃，向生产队借粮，时任改委会主任的堂伯公非但不同意，还恶语相向。曾祖父深夜回家一言不发，“咕咚咕咚”喝下农药，自杀身亡，年仅63岁。

祖父深受上一辈人的影响，在村内争强好胜，尤好和堂伯公一家攀比，比种地的产量，比新房子的大小，比孩子的学习……一旦在外面不如意，就会回家责骂子女，尤其是对三个儿子，期望越多，打骂就越多，以至于大伯在22岁结婚后便立即要求分家，与祖父老死不相往来，父亲一考上大学便离开了家乡，小叔叔读完高中也出去打工闯荡了。

“人在一个闭塞的地方待久了，就会忽视外面的风景，只能在小小的村子里互相攀比，性格变得狭隘，生活也难免不幸。”父亲谈到祖父时，淡淡地说道。

为了避免不幸，父亲埋头苦读，终于在1979年的高考中考出了不错的成绩。父亲以为自己即将离开那个穷苦闭塞的村子，但生命经历给每个人都刻上了时光的烙印，父亲憎恶旧时代农村的迂腐，却又想着造福农民百姓，最终他选择去皖南农学院学农学。

本科四年时光转瞬即逝，从植物学、植物生理学、分析化学、生物化学、遗传学、生态学到栽培与耕作学、育种学、种子学、植物病虫害防治学，父亲学习刻苦，功课优秀。毕业后被分配到隔壁县的乡镇农科所工作，后又因文笔好，被领导赏识，借调到县人事局工作，之后兜兜转转，在县城党政系统里做了一颗小小的螺丝钉。

1998年的腊月，我出生了。姨母进产房看了一眼，出来对我父亲说“是个女儿”，我父亲回答“也好”，“也”字拖得老长。这个故事经过姨母的大力宣扬，在无数次的家庭聚会中被提及，作为父亲重男轻女的笑话。但说句真心话，或是沾了独生子女的光，或是因为不想给我一个和他一样痛苦的童年，父亲对我是极好的。

父亲的性格与祖父完全相反，他为人随和，没有太大的胜负心，在家里和单位里都是和事佬。正如母亲拟合他老烟鬼形象给他起的微信昵称“烟雾深中一神仙”一样，他是闲云野鹤，遗世独立，逍遥自在。他在笔记本里写道：“生活本没有输赢，但如果你一旦有了胜负心，那你一定就是输家。”

父亲是农民的儿子，永远都剪不断与土地的脐带，他推崇卢梭式的自然教育，时不时带我去爬山郊游，也同鲁迅的长妈妈一样，常给孩子讲新奇有趣的故事。父亲重视教育，常常结合自身经验思考一些教育问题，在他的日常学习笔记里，常能看见这样的文字："农民没种好庄稼不会怪种子不好（当大家种同样品种时），都会在自己身上找原因。家长没教好子女时，往往怪子女不争气，尽量把自己撇清，这是应该要反思的。""没文化的农民能种好地，同理也可以教育好子女，因为他们可能给了孩子一个比较宽松的成长环境，他们没有知识父母那种焦虑感和紧迫感，同时他们可能给了孩子积极、阳光的心态，但这都是个别现象，大部分农民、工人子女不及知识父母的子女。"

三

终于，上坡越来越少，车子渐渐稳当起来，不远处，白墙黑瓦的房子像长在云雾里的蘑菇，若隐若现，村子快到了。

在我眼里，村子是回不去的故乡，这里花香鸟语、质朴温暖。

我小的时候，母亲外出打工，父亲上班不便照顾我，就把我丢在村子里，交给祖父母抚养，都说隔辈亲，祖父母对我都是极好的。村里没有什么吃食，子子（鸡蛋）被看作是最营养的，祖母就使劲让我多吃子子，我最多一餐一口气吃了8个。

就这样喂养了一个月，当父亲来村里看我时，发现我变得又胖又黑，都快认不出了。更让父亲寒心的是，我这个笨娃娃竟然不认识他了，指着他说“奶奶快来看，家里来了个客人”。父亲立马把我抱回去亲自抚养。后来我也就每年寒暑假回两次村，每次待的时间都不长，以至于我一直都没学会村里的方言，和不懂普通话的祖父祖母沟通起来往往是“毛估带猜”[1]。

祖父说不来普通话，和我说话总是几个词地往外蹦，印象里他说得最多的词就是“聪明”“好聪明”。那时候他最喜欢带我去村里逛，尤其是去小卖铺人多的地方，见人就夸我，就连我个子长得快长得高，都值得在村子其他人面前吹嘘夸奖一番。还有一个令我印象深刻的词是“宝物宝物”，是祖父过年、清明祭祀时说的话，我一直没明白，还以为祖

1　编者按：方言，估摸、猜测的意思。

上给我留下了什么宝贝，后来才发现，不懂普通话的祖父是想说“保佑保佑”。

徽州人历来重视姓氏传承，在村里程姓有自己的支祠，每年过年、清明，程姓子孙都要去祠堂祭祀。祠堂在“文革”时期被毁坏过，后来修复了一遍，面积不大，大约有两百平方米，里面空空荡荡的，东面放着祖宗的牌位和贡品案台，西面靠门是一个小小的天井。可能是村庄逐渐没落，印象中并没有热闹红火的集体祭祀仪式，只是每年到了除夕和清明，平日里不开门的祠堂会打开大门，各家各户的程姓子孙可以自行来祭祀。

传统徽州女人地位低，是不能进祠堂的，到了我们这辈倒没有那么多讲究，记得祖父在世时，每次过年都会带我去祠堂。祖父会先在祠堂门口烧上一把纸钱，这是给“邮差”的辛苦费，再进入祠堂将祖母准备好的供食放在案台上，点上一把香给我，让我向着牌位拜一拜，再来到门口，向着南、北、西三面再拜一拜，再将香分别插在牌位前的香炉里和门口的土地上，最后祖父会点燃三发冲天炮，告知天上的祖先们来领我们的一点心意。

其实小时候的我并不喜欢去祠堂，一是因为大人们拿在

程氏支祠（摄于2020年清明，因疫情影响，村中禁止聚集性祭祀，祠堂大门紧闭）

手上点燃的冲天炮看着特别危险，二是因为祠堂总容易让人联想到死亡。这种对生死的担忧在很长一段时间内都萦绕在我的心头。祖父祖母家的老房子是改良后的徽州屋子，因面积受限，没有天井，窗户又开得高，所以采光不好，白天也总是黑黢黢的，厨房用的是老式带烟囱的柴火灶，需要烧木头柴火，为了方便，祖父就将厨房和厅堂之间的小屋子改成了柴火房，常年堆放着比人还高的柴火。

一次路过，正巧木柴存量没有那么多，我才发现，原来木柴背后还堆放着两个祖父祖母备给自己的棺材，这把胆小的我吓得不轻，很长一段时间都不敢独自走过柴火房。后来祖父告诉我，这是他们的棺材本，在村里，很多老人家都会提前备好。祖父还说人这一生就像这柴火一样，能够发点光热，也就足够了。

后来，祖父老了，在干活时摔断了腿，从此做不了重的农活，只能拄根拐棍慢悠悠地走。好几次回家，祖父都想带我去山上看一看，我以他腿脚不便回绝了，后来实在拗不过他的坚持，和他一起上了山。

原来，祖父是想带我认一认留给我的山核桃树。在20世纪初，村子里兴起种山核桃。祖父也随大流，种了两百多棵山核桃树，存活不过百余棵，每年能收获一千多公斤山核桃，每公斤能卖五六块钱，在农村算是不错的收入了。

但随着年纪增长，祖父发现自己难以继续照顾这些山核桃树，于是就划划分分，准备把这些树分给父亲和叔叔，留给父亲也就是留给我，祖父生怕我不知道树的位置，一定要亲自带我去看看。遗憾的是当时祖父带我认的山核桃树，我现在一棵都不记得了，不过祖父拄着拐棍颤颤巍巍地为我指山核桃树的背影却深深地刻在了我的脑海里。

像祖父一样的背影（摄于2020年清明，遗憾以前条件有限，没有影像资料）

## 四

祖父于2014年病逝，为了方便照顾，祖母被父亲和叔叔安置在了离县城更近的村子里。每年只有清明，父亲才会回趟老家，给祖父的坟上烧烧纸、上上香。而我高中大学都在外地念书，清明只能遥寄相思。

在外地求学时，我第一次见到了城市，见到了城市里养育出来的人，他们大多衣着靓丽，举止风雅。与城市里整栋楼的图书馆、灯红酒绿的商场街道相比，养育我的小县城立刻就失去了光彩。但每个人的生活都是一座围城，

文明悼念（2020年清明摄于老屋门口）

把自己圈在了里面，把别人圈在了外面。对于长期生活在穷苦山村的父亲而言，农村是愚昧迂腐、狭隘刻薄；但对于偶尔作为农村过客的我来说，农村是新鲜有趣、温暖质朴。现在的我，感念生养我的县城，也感念生养祖辈世代的那个小小山村。

对于故乡的记忆，就像是云一样缥缈，风轻轻一吹，就散了。等我回过神，车已经到了。下车关门，吸一口故乡的空气，仿佛这样就能把云似的故乡永远带走。

# 何处为“家”

王安

2009年8月2日，在我8岁生日的凌晨，我们在中国东部一个当时并不起眼的省会城市落脚，至今已经十几年了。我的父亲还在做着他所热爱的科研工作，我的母亲依旧时不时地为我们下厨展示她高超的厨艺，我们家仍然会在圣诞节时架起高度1.8米的圣诞树，树下堆满给全家人的圣诞礼物。童年时的回忆已经有些模糊，父亲的工作日记里潦草的记录连他自己都有些难以辨认；然而，在美国度过的我的8年，母亲的10年，父亲的15年，依然被鲜活地珍藏在相册里。

相册里的颜色五彩斑斓：波士顿的枫叶是暖红色的；莲蓉月饼是黄褐色的；凯尔特人篮球队是标志性的爱尔兰绿；

查尔斯的河水是蓝色的；北京奥运会开幕式是彩色的；家里人的笑容是光明般亮色的。想起刚回国的时候，我吵着吵着就开始大颗大颗掉眼泪，嚷着这里不是我的“家”。可现在的我才明白，对父母而言，只要一家四口在一起，只要中国在我们的心中，哪里都可以成为家。

## 波士顿的侨民群体

我的父亲1995年在北京大学获得本科与硕士学位后，赴美继续攻读博士学位。我出生的那天正是爸爸博士毕业答辩的前一天，爸爸妈妈说那天的天空极其的美，天上金光闪闪，阳光透过云层就像一个巨大的皇冠从天而降[1]，于是给我起名叫“Ann”[2]。在当时的美国（其实不管哪里应该都是如此），学理科的想找专业对口的工作只有两条路：要么进相关企业，按公司所需做研发工作；要么留在大学找机会成为教授，做自己喜欢的研究。第一个法子虽然在科研自由方面会有所限制，但是收入是第二条路的好几倍。而第二条路则

1 丁达尔现象。
2 意为“Grace of God（上帝的恩典）”。

意味着我的父亲要以亚裔的身份，在大学里进行数十年的艰难的奋斗。我的父亲选择了第二条路，因为专心做自己喜欢的科研是他从初中就开始的梦想。在接下来的几年中，我的父母便带着我这个“博士毕业季的附赠礼物”，一路向北，在美国不同的科研机构里“痛并快乐”地工作着。

被问起为什么选择去没有任何亲朋好友的美国学习和工作时，我父亲表示，首先是得益于国家的政策。在20世纪90年代的高校学生之间流行“出国留学潮”。1993年,党的十四届三中全会通过了《关于建立社会主义市场经济体制若干问题的决定》，其中特别提到了“支持留学,鼓励回国,来去自由”。紧接着1994年国家又通过了关于自费留学出国的政策。[3]在此之前，虽然允许出国留学，但是条件较为严苛，一般都需要有海外侨属亲戚的担保。20世纪末的美国对年轻的学子尤其具有吸引力——其领先的科技水平和“强大的生产力”令人向往。这样，国家政策的支持与美国本身优势的合力，促使许多大学生毕业后选择出国深造，然后学成报效祖国。

3 近三十年来中国出国留学政策的历史发展 [EB/OL].2014-06-13.https://www.eduei.com/chuguoliuxue/6623.html.

回顾波士顿美国华裔的移民发展史，最早在这里定居的华裔侨民几乎都是从加州来的，主要迁入了这座东部城市的唐人街。波士顿第二波的华人移民大潮，是在1965年美国政府通过《移民与国籍法》（Immigration and Nationality Act）之后，侨民们抱着单纯来美国谋生的想法到波士顿寻求工作，并且大部分也选择在唐人街落脚。随着人数的壮大，波士顿唐人街成为了美国第三大唐人街。这部分侨民做着我们印象中的第一代中国移民普遍会参与的工作：开餐馆、开华人超市、做服务员、打杂洗碗刷碟……生活较为清苦。那时波士顿中国侨民的生活状况，和美国其他大城市，如芝加哥、洛杉矶、纽约……没有什么不同。

波士顿出现第三波华人移民大潮是因为中国留学政策的开放。波士顿有着许多世界闻名的大学名校，吸引了来自世界各地的高材生学习进修，其中华人知识分子占了很大比重。从2000年到2010年，波士顿的华人人口涨了46%，其中大部分为拿着F1签证[4]的留学生。随着许多高学历华人的到来，波士顿的中国侨民（Foreign-born Chinese）因为受教

4 F1签证允许留学生在完成学业后，在境内滞留60天。如果他们希望在美国境内继续生活，就需要申请（抽）H-1B签证。

育程度的差别形成了非常鲜明的两个群体：一边是有着至少本科学历的知识分子，另一边是高中以下学历的人群。在华人侨民群体中，硕士及以上高学历的人群占比达到21%，仅略低于当地人的22%的水平，远远高于美国境内的平均值。不同的受教育程度又直接影响了移民的职业和家庭收入，于是造成了：31.6%的华人在服务业工作，28.7%的华人在科技类的专业领域就职；波士顿位于中产阶级（2014年的数据为年收入62920美元以上算作中产阶级）的侨民占比28%，同时低收入家庭(2014年美国国家贫困户定义为一家四口年收入在23850美元以下)的侨民也占到了29%。[5]

在当时波士顿的侨民环境下，我的父母所在的群体——来美国学习深造的青年学子——是处于过渡阶段的一个比较特殊的人群。我们的家庭不是贫困户，但也没有到生活很轻松无负担的地步，在波士顿这样一个“不易居”的城市，在房租占了家庭收入一半的情况下，我们肯定够不上中产阶级。只是两个侨民群体并不是简单按照“收入”来隔离开的，由于学历、职业以及来美的目的不同，将同为华人的两

5 以上数据均来自 2014 年 USA American Community Survey (ACS)。

拨人分开到生活几乎毫无交集的地步。参加当地华人校友聚会的我们，与在唐人街开了家出名家族餐馆的他们，可能在华人超市会擦肩而过，但生活模式与习惯却大不相同。所以我家的故事，只是波士顿一部分侨民的缩影。

## 华人的善意

我父亲先后在美国南部做了几年科研，最后辗转来到哈佛大学医学院做博士后。对父亲而言，在波士顿的工作是格外辛苦的——每一天都泡在实验室，几乎每一天都在深夜零点后返家。波士顿的整体消费水平也远高于之前的南方：2003年在乔治亚州，父亲拿着48000美元的年薪，家里租住的公寓小区都是带院子、游泳池的独栋内平层，年租金大约7000美元；2005年，父亲来到波士顿的哈佛大学从事博士后工作，当时的年薪约40000美元，我们位于Brighton[6]的一室一厅带单独厨卫的公寓年租金就要16000美元。

这样的消费差别，在刚到波士顿的第一天就让我父母

6 Brighton的住客可以申请入读美国Top3高中Latin School。参考niche.com数据排名。

摔了跟头。根据以往租房经验，当时还非常年轻的父母在Cambridge[7] 租了一个月租金500美元的公寓。实地去看了后，震惊地发现中国房东所谓的“配有家具”的房子疑似一个小型破旧家具堆积库：包括床垫、沙发在内的所有家具又破又旧，应该都是路边捡的……妈妈只得用自己行李箱中的干净浴巾和被单堆了一个小窝放我进去睡觉，自己和父亲睁着眼一晚没睡，洗手间更不敢用，第二天一大早托朋友帮忙搬到了与以前相比房租翻了三倍的Brighton房子中。

当然，大多数中国人并不像这位路人房东一样“心灵可憎”，甚至，排除工作与上学外，我们家庭的多数时间都有其他华人朋友的身影。讲起为什么要在自己还很艰难的情况下互帮互助，父母笑着说：“出门在外，能搭把手就搭把手……大家都是中国人嘛。”

是的，不管是华人教会还是大学里的中国同僚，都将“能帮就帮”的态度，融到生活里的方方面面。有新的中国留学生来Cambridge[8] 了，前辈们的准备工作在人下飞机前就开始了：帮忙找房，联系房东、选机票、安排人接

7 MIT 和 Harvard 所在的区，排除大学因素外，社区整体本身一般。
8 类似中国大学城一样的街区。Harvard 和 MIT 都坐落在此。

圣诞节举办的大型家庭聚会

机……安顿好了，迅速将人拉去看家具、买生活用品、认超市、解决注册问题……就像大学开学季的学长学姐般亲力而为。

遇到大型难题，教会、学生会等华人团体一定会发挥集体的力量，与你一起面对。在那个没有智能手机的年代，谁生孩子了，谁住院了，谁搬家了，谁有工作问题了，教会100多号人都会在每周的敬拜后进行讨论和分工，制订详细的帮扶救助计划。因为父亲工作的实验室没有批假，所以在母亲生下弟弟后就面对着三难的艰难处境：要坐月子，要照顾弟弟，要带3岁的我。教会听说了我们的难处，在教堂里挂起了一个日历，由弟兄姊妹志愿填写空余时间段。于是在母亲坐月子的那一个月，每天的午饭晚饭都由教会朋友准备，并帮忙打扫卫生、带小孩、解决家务问题。

**中华根**

这里就像是一个大院，里面的家庭各自有着各自的生活，又在困难的时候互相搭把手，在喜悦的时候共享着快乐心情。每逢大型节日或是遇到值得庆祝的事情，几家子总会聚在一起，开开心心地开展富有中国文化气息的大型家庭聚会。这是我们小孩子最喜欢的活动了，因为家庭聚会意味着：可以放开吃的美食，可以闹天闹地的小伙伴，“别人家”的新奇玩具……每一年的中国春节都格外地隆重，作为主办方的家庭从早上开始就忙忙碌碌地备菜和做装饰，而其余家庭也要早起开始准备带过去的餐点和礼品。空闲时间多一些，那就煲汤炖肉一起上；忙的话，带一大盘满满当当的烤鸡翅，孩子们也一定喜欢。菜不是重点，大家在交流中喜乐，欢庆中国新年才是。

小学针对移民二代的课后辅导班和活动

这样的聚餐不仅在教会中流行，华人朋友中也常办。想起2008年北京奥运会开幕式，几家人齐齐站着，端着一次性碟子吃着早饭，紧盯电视屏幕看表演。远在大洋彼岸的我们，与国同庆，与有荣焉。

华人的脚印遍布全球，他们所做的努力也有目共睹，中国人注重文化的传承，所以即使身在异国他乡的我们，生活里也充满了各种中华细节。

对我而言，记忆最深刻的中国元素大概是图书馆里满满当当三排的《老夫子》漫画。被里面老夫子的唐装“荼毒”过深，以至于到小学办的中国新年活动节目前，我都直嚷着只穿小唐装。

对父母来说，大概最感叹于自己的“中国胃”并没有因为来到美国而受到太大委屈。每周一次的华人超市采购是周末的必备项目。从Brighton的Super 88华人超市到唐人街，总有一款适合当日的心情。买完以后再在楼下美美地吃一顿，一整天的好心情也有了。妈妈最爱吃Super 88的艇仔粥和萝卜糕，而爸爸独独钟情于“加州街”一家超市的现炸油条。那油条又香又脆，又很贵，一根就要2.5美元（当时汇率，人民币换美元是将近10∶1）。每次还要花1个小时的车程，赶早上9点出锅的第一批，赶不上就得再等2小时。每年的中秋节和端午节，爸爸妈妈还会应景地去唐人街买月饼和粽子给我和弟弟“过节”，农历正月十五还会给我们准备小花灯。

不仅在吃上我们延续了父母的中国胃，在教育上也能感受到他们的煞费苦心。“我们能给你们的最好教育”与“不能忘了根”一直是父母给我和弟弟安排学业时考虑的第一要素。到波士顿之后，爸爸妈妈就开始联系周边最好的幼儿园，给我报名排队。我上小学前，父母发现租的房子不在波士顿最好的几所公立小学所在的区，于是我们2007年从

小学举办的活动

Brighton的一室一厅，搬到了邻街属于 Brookline[9]范围的两室一厅。那栋楼有着100多年历史（伯爵名字还写在门口），一个月的租金是 2600 美元。小区里父母中意的那所公立小学非常重视中国文化，设立了专门帮助移民孩子英语学习的课后辅导班和中文课，每一年还会有全校一起参加的中国新年系列活动：写毛笔字、剪红窗纸、试穿传统衣裳、学折纸……中外文化的友好碰撞在这所学校里完成得很好。

9 Brookeline 在 niche 网上被投票为“#1 in Best Places to Live in Massachusetts（马萨诸塞州最适合居住的地方）”。

## 家在哪里

2009年，父母决定回到祖国的怀抱。在前一年，因为外婆生病，我母亲带着我和弟弟从美国飞回闽南老家，她见到十多年没见的父母和姐姐时瞬间湿了眼眶——那时候我想，妈妈有自己的爸爸、妈妈、姐姐，还有我爸爸、我、弟弟，她为什么要哭？

眼泪的疑问、陌生的街景、亲戚的吃食在回波士顿后迅速被我放在心里的某个角落，我欢天喜地地带着一大袋纪念品橡皮分给班上的同学，却被关系很不错的台湾女孩子悄悄避开了，并收获一句对我新发型的点评："我不想和剪了头发的'Chinese Ann'玩。"Being Chinese意味着什么？Being American又意味着什么？小小的我狠敲着自己脑袋也想不明白。

回国后父母肉眼可见地开心了些，我却因无形中的焦虑胖了三大圈。因为转入国内某公立小学之后，我常常要面对身边小孩子"天真烂漫"的围攻和笑话。"这里怎么可能是我的家呢？他们都对我不好。"

我哭着闹着要坐家里以前的那部"银车"，父母无可奈何，只得放弃其他买车计划，买了一辆在美国时的同款。我还是坚持在家里和所有人讲英语，吵着闹着要回美国，父母给了我很多的耐心与帮助，渐渐地，我学会慢慢融入回中国后的生活。

属于我自己的“想通”来得很晚，连带着突然也理解了妈妈多年后回国的眼泪。

18岁那年，我第一次离开家去北京“远航”——大学离家的距离是40分钟车程，外加5个小时动车，再加40分钟地铁。一个多月时，我挂了妈妈的关心电话，说：“我18了，我就是在18岁那一天成年了，妈妈你不该再这样管着我。”之后的一个多星期，我没有再联系家里。10月1号，我下了高铁，远远看到在出口等我的弟弟，他提出要帮我背包，我抬了抬眉毛，我们一起坐地铁摇摇晃晃回家。到家上电梯时，我的眼睛开始疼，我拼命睁着眼睛坚持到妈妈来开门，眼泪在看到餐桌上那碗妈妈招牌米粉后开始大滴大滴地掉。那一刻的想法很割裂—— 一边是“啊，眼泪真的可以跟珍珠一样大”，另一边，我想，我“真想家”。

8岁的我哭着喊着想回的“家”，是由家人、教会朋友、学校朋友、楼下总是塞给我新鲜郁金香的白人老奶奶组成的，在Brookline的家。16岁的我在教室里对朋友抱怨“想回家”，是由家人、高中亲朋好友、网友们组成的家。18岁的我夜里在学校开完会，匆匆发消息跟妈妈说“在回家路上”的“家”，是由我远方的家人和当下大学生活组成的，我一个人生活的宿舍房间。每次打开北京新“家”的门，我总会将视野落在房间内的某一处——那一处可能是母亲来探望时带的新羽绒被，可能是父亲北上开会带来的零食，可能是和弟弟同款的小玩偶……

写到这里我意识到，不可能丢的，换几次“家”都没有关系。家人们不管在哪里，都在我心里有着房间。我不管在哪里，都把他们护在心口。爸爸作为游子的回归，妈妈见到亲人的眼泪，早已与我的人生融合在一起。

所以，我所到之处，皆是我的“家”。

（本文作者及人物均使用化名）

# 女孩、母亲——她们的一生

刻画一个家庭的成长时，女性远超出男性的那部分付出往往会被下意识地避而不谈。但在很多家庭中，又恰好是女性成为一根又一根沉默的支柱。在千禧一代眼中，中国女性的思想和表达正在经历深刻的变化，而此前的中国社会中，一代又一代母亲所展现出来的性格和力量，以其无限的包容与生命力，维系着家族稳步向前；新一辈的女孩子们，又在情感的传承和自我的觉醒中，折射出最生动、耀眼的光芒。

# 苦荞花开——外曾祖母的小脚人生

唐潇桐

苦荞花儿开满洼
远处的野鹊飞来了
苦荞花儿开满洼
崖上的月亮不走了
苦荞花儿开满洼
庄农人脸上笑开了

外曾祖母生于民国十三年（1924年）腊月，并不是苦荞花开的季节，但她的长辈还是叫她荞花，因为苦荞是当地主要的农作物，苦荞花是农人心中最美的花。

## 缠足

外曾祖母的大名叫李顺清，娘家在甘肃省定西市通渭县陇阳乡车家坪村。

民国十七年（1928年）农历八月二十四，是民间相传小脚娘娘的生日，外曾祖母快五岁了（当地习俗算虚岁），她只模糊记得，几个长辈让她坐在矮凳子上，将双脚放到热水盆里，洗干净，乘脚尚温热，抓住大拇趾外的其他四趾用力朝脚心扭压，她的手脚身子都被大人牢牢地按住，只觉得一阵比一阵钻心的痛，痛到哭喊不出来了，只是全身发抖满头大汗……

后来，外曾祖母的小脚就被长布包裹住，随着一次一次慢慢加紧，她的小脚就再也没有长大。

中国历史上的缠足风俗始于北宋，民国元年（1912年）发布命令通饬全国劝禁缠足，民国十八年（1929年）又发布放足布告，并派专员督查落实。可惜，外曾祖母生活在大西北深处一个偏僻的山沟里，她可能是历史上最后一批小脚妇女，命中注定小脚将陪伴她走完一生。

花椒树

柯杈多

俺娘打我不缠脚

俺外婆

不拉我

咯噔咯噔气死我

## 堡子

明清及民国时期，通渭战乱频仍，烽火不断，民众纷纷筑垒自保，于是出现了千堡林立的民众自保体系。[1]《通渭县志》记载，民国时期的通渭，匪患横行，尤其是“中原大战”开始后，甘肃地方军阀马廷贤在各地肆意杀人放火，抢劫财物，奸淫妇女，被老百姓称为“马匪”。

外曾祖母的记忆里，解放前时常会拔起小脚逃进堡子躲土匪。“咣咣咣——土匪来了……”每每听到急促的铜锣声响起，村里人就扶老携幼、赶着牲口驼带粮食，没命般往堡

1 李璘：《通渭县的古民堡》，《中国长城博物馆》2006 年第 3 期。

子跑去。堡子高大坚固，又居地势之要，族人凭着几支土枪拼死抵抗，土匪往往束手无策。

有个外曾祖母叫三爷的人枪法很准，身手麻利，曾经在庄外的崖边打中过一只狼，他打完一枪后可以边跑边换枪药，到另一个地方出其不意地再放一枪。土匪都知道车家坪的李三爷，所以来得比较少，来也是路过，大多朝着堡子放几枪就走了，外曾祖母记得最长的一次在堡里躲了三天。

外曾祖母娘家车家坪村还算平安，但几十公里外的王家川和侯家寨子就没那么幸运了。民国十九年（1930年）农历三月初九，马廷贤的骑兵对通渭县的白家川、毛家店沿川一线各村，进行了武装突袭，没有攻破白家川堡子，但王家川堡子不幸被攻破，堡子里所有的老百姓无一幸免；侯家寨子没有堡子，有近三十人被残杀。

外曾祖母能背的民谣很多，其中一首常念的是：

骑着尕马儿背的枪，
穷人家门上要款饷，
见姑娘架在马上，

见姑娘架在马上。

听见槌响山沟里藏，

家里的东西都抢光，

老百姓真实孽障[2]，

老百姓真实孽障。

## 成家

那个年代的甘肃农村，讲究“女子无才便是德”，外曾祖母没有机会上学，童年起就学做针线，她心灵手巧，从做布鞋、绣鞋垫到缝衣服，样样拿手。尤其是绣鞋垫和剪窗花，都是喜上梅梢、鱼跃龙门等喜庆图案，在乡里远近闻名，加之模样俊美，后来就被扶上了一头披红戴花的黑驴，嫁给了李家寺村家境不错的外曾祖父。

外曾祖母和外曾祖父是民国三十三年（1944年）冬结的婚。外曾祖父名叫李振稼，为人朴实厚道，会干木活，家里有父母和一个兄弟，三十几亩山坡地，养了几十只

2 “孽障”在甘肃陇中地区的方言中是可怜、窝囊的意思。

羊。夫妻俩不仅同姓，生日也同年同月仅差一天，婚后孝敬双亲、关系和睦，民国三十五年（1946年）春就喜得贵子——我的姥爷，后来又陆陆续续生养了八个，总共七子二女。

由于善生养，又多为男丁，外曾祖母在村里的地位渐渐变高。“啪啪啪……”静谧的山村夜晚突然响起了急促的拍门声。“啊撒（谁），做啥哩？”外曾祖父喊。“我嫂子养不下娃，想叫我养花妈妈（姨姨）去看一下！”谁也没想到，这一去，就让外曾祖母多了一个接生婆的职业，此后村里有人生孩子，都要请她去接生，甚至有母羊下崽，都会请她去看看。外曾祖母也很是爽快，黑天半夜从不推辞，更不会收取任何报酬。

令人称道的是，外曾祖母记忆力超群，不仅记得自己一家老小的生日，就连每一个接生的孩子，她都能把出生日期记得清清楚楚，后来村里有人忘了孩子的生日，都会跑来问她。

通渭县属定西市管辖，清末名臣左宗棠在奏章中称陇中（甘肃定西）“苦瘠甲于天下”。定西之苦，在于严酷的自然条件。黄土高原上丘陵延绵，沟壑纵横，干旱缺水，土壤肥力极低，广种薄收，农业生产水平低下。[3]

外曾祖母结婚之后，既要迈着小脚下地劳动，还要一日两餐操持一大家人的饭食（上下午各吃一顿饭），扫树叶填炕取暖，碾胡麻拧麻绳织麻袋，推磨喂鸡喂猪喂牲口。

家里两个老人和外曾祖父也一样披星戴月辛苦劳作，他们共同努力，向这片天底下最贫瘠的黄土地要收成，养活了一家人。

值得一提的是，即使在那么困难的条件下，他们仍然节衣缩食支持小叔子（外曾祖父的兄弟）读书，他最终当上了教师，成了村里第一个吃公家饭的人。

庄农人苦 庄农人忙
庄农人本是同一行
二三月种 六七月黄
八月九月搬上场
婆婆媳妇子梿枷打
娃娃他大把场扬
晒干簸净入粮仓

3 武亚军：《从存活到可持续发展：定西模式研究》，北京：经济科学出版社，2008 年。

## 艰难

1958年，通渭县委决定了两件大事，一是把全县原有的169个高级合作社合并为14个人民公社，全县为一个联社。二是实施了数个大型工程，其中之一是抽调一万八千多个劳动力投入引洮水利工程（当时甘肃省规划从甘肃南部将洮河水引入中部直到庆阳董志塬，工程于1961年停建）。

为了改善引洮工地民工的生活条件，公社响应上级号召，组织为引洮工程捐助。为了实现吃水梦，外曾祖母走上前台，毅然捐出了家里最值钱的一件羊皮袄，当场被表彰为积极分子。

外曾祖父被抽到引洮工地干活，加上双亲身体都不太好，生活的重担全都压在了外曾祖母那双孱弱的小脚上。屋漏偏逢连夜雨，1959年春节前，外曾祖母家大年三十晚上遭了贼，有一些苦荞面和混着谷糠的炒面被偷了。姥爷说，那些粮食放在二层的阁房里，怎么会被偷，至今仍百思不得其解。

庆幸的是，前一年外曾祖母在园子里种了不少甜菜、萝卜、胡萝卜，长势特别好。似有先见之明，她连一片叶子都没舍得扔，全部串起来吊在屋檐下。后来，这些菜都成了碗中的“佳肴”。

春节过后，大地开始解冻，依然春寒料峭，新鲜野菜还没有露头，田野里就遍布着村民，他们争先恐后用耙子划过土地的角角落落，为的是找出前一年残留的各种干野菜充饥。黄土高原严寒而漫长的冬天刚刚过去，但真正温暖的春天还远远没有到来。

1959年底，外曾祖父从引洮工程回来后，把家里所有的木头都做成门窗，挑到一百多里外的会宁县，换那边的粮食回来。即便这样，外曾祖母家在那几年仍没吃上几顿饱饭，充饥的只有加了野菜的菜团子馍，或者加了谷糠、荞皮、榆树皮的炒“面”，再就是喝清可见底的汤。

幸运的是，外曾祖母拖着小脚，带领全家人安然度过了艰难的岁月。

雁儿嘎

你做啥恰（去）

陕西塬上割麦恰

雁儿嘎

你做啥恰

陕西塬上割麦恰

## 温饱

1970年以后，外曾祖母家的日子渐渐好起来，先是方圆几十里的第一个大学生——我的姥爷当了医生，后来四姥爷大专毕业成为教师。

1980年7月1日，中共定西地委指出，包产到户是社会主义农业经济的一种责任制形式，不是分田单干，更不是什么资本主义。截至1980年11月，通渭县大包干到户的生产队有2870个，占全县生产队的97.8%。至1981年11月，全县2936个生产队全部实行了大包干到户责任制。[4]

通渭大地终于迎来了春天。包产到户第二年，农民就吃饱了肚子。外曾祖母家也不例外，大多数儿女已经成家单过，每家人都不愁吃不愁穿。

4 定西市委党史研究室：《八十年代初期家庭联产承包责任制的推行（二）》，陇西党建网，2018年5月7日。

老院

1984年，李家寺村通了电。现代工业文明的光辉照射到了这个偏僻的山村，家家户户告别了煤油灯，安上了电灯泡，磨面机、脱粒机、电视机、洗衣机、电炊具等先后进入了人们的生活。后来，公路也修到了家门口，村里到县城通了汽车。

“叮铃铃……”“喂——啊撒（谁）？”外曾祖母最高兴的是家里装上了电话机，铃声一响，就颠起小脚小跑着去接，准是外地儿孙们打来的。听着那头的声音，问这问那，叮咛嘱咐，车轱辘话一遍又一遍……

“啥？不缴公粮了？叫公家人吃啥哩……”

外面的世界变化太快，苦荞虽已成为当地的主要经济作物，可后辈儿孙们早已摆脱了黄土地的束缚，从事着各自的职业。两位老人时常念叨，“咋（现在）的政策渍（这）么好的，娃娃们还都不愿意种地，以后吃啥哩……”

老人家担心归担心，公家人和儿孙们的生活，还是芝麻开花节节高，变得越来越好。

外曾祖母一直耳不聋眼不花，年纪大了干不了农活，还时常给家里人绣鞋垫；五月端午，会给孩子们做荷包和彩线绳；过年时，催着每个人都穿一身新衣裳，她自己更是慷慨地拿出姥爷和四姥爷孝敬她的钱，给孩子们散盘缠。

不知什么时候，家里多了一只猫，还有只土狗。

幸福的时光静静流淌，外曾祖母和外曾祖父脸上总是挂着满足的笑容，享受着四世同堂的天伦之乐，看着膝下欢闹的小重孙惹猫逗狗，惬意地熬一盅“罐罐茶”，哼一段自编或传统的小曲。

银剪剪嚓嚓嚓
巧手手呀剪窗花
莫看女儿不大大
你说剪啥就剪啥
啊儿哟
祖祖辈辈多少年
剪开多少愁疙瘩
不管风雪有多大
窗棂棂上照样开红花

**后记**

2011年的一天，外曾祖母因小脚行动不便，不慎摔倒，大腿骨折。姥爷多方咨询，辗转两家医院才找到敢给年近九旬的高龄患者施行手术的医生。外曾祖母静静地躺在病床上，一声不吭，以极大的毅力忍着痛楚，顽强挺过

外曾祖母和外曾祖父

了手术。事后，天水电视台还将其作为医疗卫生新闻，进行了专题报道。

我们去看望时，老人家饱经沧桑的脸上写满慈祥与平和，瘪着嘴笑着，让大家别担心，“日子渍（这）么好的，咋（现在）拿（和）公家人一样的，看病都能报销，我还要多领几年共产党的养老钱哩。”

2014年，在外曾祖父去世一年后，外曾祖母亦与世长辞，结束了她小脚的一生，那如苦荞花般清涩的一生。

外曾祖母近一个世纪的坎坷人生，经历了新旧两个社会。但迈着小脚，步入幸福生活，是在共产党领导下的新时代。

碎（小）时候山里雪不化

扭着我缠脚的是我大

撒下种子到开花

受下艰难没处说话

女娲娘娘嘛（把）人抟

共产党叫人吃饱饭

老来天天像过年

后辈们好日子过不完

# 风雨飘摇中的爱与善

**季俊豪**

弥留之际阿太对我母亲说："你和筱（我的父亲）能不出去就不出去了吧，你阿公的老房子不能丢下不管……"阿太的苦难多数都是在这座房子里遭受的，但是根植在她心里的乡土情怀终究还是消融了那些苦痛罢。在老一辈的观念里，若是祠堂里的祖先以后都没有人祭祀了，这个家的香火就真的断了。

我的母亲第二年就把巴西的房子卖了。

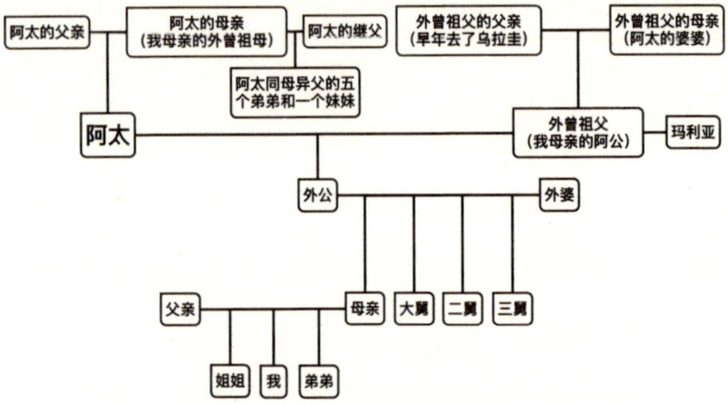


出现在这篇文章中的人物关系图

## 民今方殆，视天梦梦

我的阿太生于1928年2月17日。阿太是我对外曾祖母的称呼，这是我们那儿的方言，读作e tá，亦可用来称呼（外）曾祖父。

小时候去拜访阿太，透过她沉默而浑浊的瞳孔，我仿佛总能窥见时代的浪花和记忆在翻滚。阿太几乎参与了我母亲的整段童年与青年时期，母亲视她为最亲密的长辈。当我向母亲提起要以阿太为主角写一则家庭史的时候，她的第一反应是：“苦，她这一生太苦了。”

阿太是独生女，一岁多时生父就死了。后来她的母亲改嫁到下碓村，生了五个兄弟和一个妹妹。阿太的母亲改嫁后，阿太便被送到石前村和她的外婆生活。1942年7月10日，日军攻下青田，从县城一路打到方山乡。日军闯进屋子里时，阿太就躲到她外婆的围裙下。阿太回忆起这段经历，心中仍有些余悸："看日本兵一眼都能被吓死。"

阿太十五六岁时回到下碓，帮着她的母亲做些农活杂活，作为长姐还要照顾六个同母异父的弟妹。

自1918年始，阿太的继父前后三下南洋，最初从事贩卖石刻的生意。1938年，在菲律宾创办上海书局，编印《抗日救国要义暨国民公约信笺》。次年，将义卖所得的三千余元悉数带回国捐献给抗日事业。省政府给他颁发了"义溢瀛寰"的匾额，行政院也授予他人民荣誉奖章。此后他便留在中国，出任青田县府田赋科的粮税员。后来他操办了方山首个供销社，无奈失败，遂在县城的大埠头做起了经营杂货和生产资料的生意。

数十年的海外从商经历，加之在县城开店的盈利，阿太的继父积累了殷实的家底，在下碓盖起了七间四合院式的二层砖木楼房，并购置了多亩良田。1949年后，因着这个昔日爱国华侨头上的“地主”帽子，曾经在供销社占小便宜而不得的几个穷无赖伺机报复，把他押在祠堂里一顿拳打脚踢。为了保命，他逃到了德国，并就此定居了下来。

继父出国后，阿太作为长女，自然承担起了到县城看店的职责。阿太到县城后不久，店里的伙计掺和着撮合她和外曾祖父。一来二去，外曾祖父对阿太情愫渐长，阿太对他却并没有萌生太多感情。然而阿太毕竟二十三岁了，她的母亲担心她再拖着不嫁，以后就没有男人要了。于是有一天，阿太的母亲和二叔编了个理由把她唤回下碓，蒙骗她进到屋子的阁楼里去，外曾祖父这时就在里面。阿太进了阁楼后，她的二叔从外面锁上了房门，又在村里的街头巷尾张扬这件事，说阿太和外曾祖父孤男寡女共处过一室了。阿太自觉“霉倒掉了”（蒙了羞），只好嫁了。

嫁过去之后，阿太先后怀孕四次，都小产了。据说怀第四胎的时候，她腆着五个月的大肚子，采山茶的时候只把树枝往下一拽，回到家孩子就没了。第五胎是我的外公，他在1954年出生，是亲戚给阿太吃了中药炖羊肉当作安胎药才保下来的。

外公四岁那年，人民公社在全县遍地开花，宣传歌谣在坊间处处流传。

千红万紫一片新，

入了公社幸福临；

万众一心搞生产，

亩亩万斤笑盈盈。

那时外曾祖父正被派去奇云山修建水库。外曾祖父家的成分是富农，害怕重蹈岳父的覆辙，于是赶忙收拾了行李，仓皇跑路。在连夜翻上岭坳山的时候，由于不敢点灯，他踩空摔进了烂田里，十分狼狈。翻下山到了茶寮，途经山口镇潜逃到县城，到了白天坐车到温州，从温州又乘船去了香港。

外曾祖父到了香港，一路东渡南下，投奔了他在乌拉圭经商已经有一段时日的父亲。外曾祖父见他的父亲在乌拉圭已经成立了新家庭，也不好久留，后辗转来到巴西，在当时的首都里约热内卢定居下来。那时跟着外曾祖父一起出去的，还有一顶从祖宗那传下来的地主帽。外曾祖父到了里约后，做起了提包挈卖的营生。“挈卖”这个词也许是早期到巴西的青田华侨发明的，他们扛着有着中国特色的大编织袋，里面装着鞋子、衣服、香水和眼镜框等物什，逐门逐户地敲门兜售。

外曾祖父抛家弃子出国避难，阿太只得独自面对接下来

阿太给我的外公做的“地主帽”[1]

风雨如晦的十几载了。不仅家里的田地多数归入公社，阿太嫁过去时的嫁妆—— 一床还没用旧的婚被—— 也让公社调用给了山根村一户更穷的人家。

紧接着，农村大办公共食堂。到了1959年10月，食堂由供给制向工资制过渡。阿太的婆婆年老体衰，儿子正值垂髫，都没法劳动，阿太一个人挣得的工分在食堂换来的食

1 外曾祖父出国时曾被他随身带出国。阿太 1998 年回国，又把帽子带了回来。虽然家里的长辈称这顶帽子为“地主帽”，但是它并不实际象征其所有者的“地主”身份，而是那个年代相对富足人家的一件饰品。我的外公小时候曾戴过这顶帽子，用青田方言来说，给孩子戴这顶挂满银饰的帽子是“值钱（意即疼爱）”孩子的一种体现。

物，得用来填充三个人的饥肠。

有次阿太的婆婆莫名想吃菜叶子，阿太孝顺，见不得老人眼馋嘴馋，便去公社的地里拔了一棵青菜。没想到阿太这一举止被村里的人瞧见了，他们闯入阿太家里搜查，幸亏阿太把青菜藏得严实，没有被找着。

次年2月，由于食材供应不足，公共食堂陆续停火散伙。阿太只好上山拔苦菜吃，用棕榈树的果“烧饭”充饥。

阿太在方山乡都是出了名的“善”（方言读作yé，用这个单字形容人胆小怕事，本分老实）。阿太见村里有些子女背井离乡的老人，心疼他们，即使自己家都快要揭不开锅了，在他们临终前也会烧上好饭好菜端过去——她大概那时就料到自己以后也会有这样一天的。也许正是阿太平日积累的善行，让村民们在“土改”和公社化时期，乃至后来的“文革”时期，最多也只是为难阿太家里的财物，而没有过分刁难她。以阿太的脾性，面对那些阵仗，是真有可能被吓死的。

被时代的巨轮碾过后，阿太以为苦尽就能甘来，好不容易在田地里强撑着站起来。然而命运之神这时偏要站出来给她当头一棒，再次把她丢进感情的无底深渊。

## 有女仳离，嘅其叹矣

外曾祖父曾在1965年左右寄回一封家书，说是想接阿太和我的外公一起到巴西生活。六年没见过丈夫，阿太当然是愿意去的，只是她的婆婆强烈反对："如果这恶毒家（方言的骂人话，阿太的婆婆一直这样称呼阿太，但是这样的称呼不必然带有恶意）明天出国，我今晚就吊死。"她的婆婆身体不好，没有办法劳动，向来需要人服侍。阿太只能打消了出国的念头。

外曾祖父在里约提包挈卖，送货取货都要上门。跟其中的一家服装厂打交道，渐渐和厂里的一个叫玛利亚·瓦尔达（Maria Walda）的巴西女工熟络了起来。1965年，外曾祖父和玛利亚结了婚。

我问母亲，外曾祖父娶了另一个女人，阿太恨他吗？

母亲回答，你阿太一个女人家，能有什么怨言呢。

阿太隐忍了丈夫的不忠，我的母亲却没能够原谅这个阿公。母亲六岁那年，和祖国暌违二十多年的外曾祖父千里迢迢赶回来，为他的母亲庆祝七十大寿。只是外曾祖父也没料到他的母亲才刚迈过古稀的坎，第二年就死了。这次回国，外曾祖父第一次见到了孙女，当然想听我的母亲喊他一声阿公，“叫声阿公给你两百块钱”。我母亲心里怨恨他，恨他抛弃阿太娶了新妻，不肯喊。阿太对我母亲说：“你就叫他阿公啊，叫了他把钞票给你。”但是我母亲到底还是放弃了那零花钱，也没肯认这个阿公。

谈到这里，母亲笑了：“两百块，在那时候可是相当大的一笔钱哩。”

我的外婆和外公同岁，两人1972年结的婚。第二年，他们诞下了我的母亲。再次年，我的大舅也出生了。大舅出生后的第十天，外公飞到巴西，在里约也干起了挈卖的营生。

外婆早先在山口镇的供销社上班，生下我大舅之后被调去石前，负责贩卖布料。母亲出生之后四十天就被送到山根村由乳娘照顾，两岁之后才回到下碓，由阿太带大。1976年，外婆带着大舅到了里约热内卢，把他交给玛利亚照顾，她则和外公一起提包挈卖。大舅明白了一些事理之后，并不十分待见这位洋奶奶，如果受到玛利亚身为长辈的指责，他就会顶嘴道：“你又不是我奶奶，没资格说我。”我的二舅和三舅在1984年和1986年先后出生在里约，后来外公外婆辗转到圣保罗州开起了服装店，二舅三舅就托给玛利亚照顾了。二舅三舅没见过阿太，和洋奶奶相处得还算融洽。

外曾祖父在里约的生活渐渐有了起色，心中也多少记挂着故土的亲人，会寄些汇票回国，补贴阿太和我母亲的生活。从母亲开始记事起，白米饭已经渐渐成为了她日常的主食，连番薯都吃得少了。甚至母亲偶尔“忆苦思甜”了，还会拿白米到别人家换番薯丝吃。阿太依旧会下地种一些蔬菜，母亲也会在散学后顺路到山上去拾柴拔草，拔来的草用来喂兔子，兔毛长长了就剪了去卖。母亲的曾祖母见她放学后带回来了草和细柴，总乐呵呵地笑着。直到现在，过年回老家祭祖，母亲还会指着外曾祖父家的几块田地对我戏谑说：“你要以后找不到工作，回农村种地还能养活自己。”

在德国的生活稳定下来后，阿太的继父陆续把亲生儿女都接了出去，留下妻子一个人在国内。人们常说“嫁出去的女儿，泼出去的水”，虽然婆婆已经死了，外曾祖父也娶了新妻，但阿太还是带着我的母亲生活在丈夫的房子里。

其他子女去了德国后，阿太的母亲一直一个人住。在她快要走的时候，自己烧不动饭了，阿太就会在家里做好饭，一日三餐让我母亲给她端过去。我母亲十六七岁那会儿，有次到县城去玩，买了两只螃蟹回来，蒸了送去给她的外曾祖母吃。阿太和我母亲虽然也馋这珍馐，但是毕竟昂贵，只能眼巴巴省着让老人家享用。1990年，阿太的母亲也去世了。

1994年5月底，阿太和我的母亲去了巴西，这时候外公已经举家迁到圣保罗生活了。初到巴西时，外公带着阿太和我的母亲在里约游玩了一阵子，在这期间，阿太竟然能和玛利亚心平气和地相处。

在母亲出国的前一年，她的小姨夫就曾介绍我的父亲与她认识，母亲当时没答应。1996年7月，父亲也去了圣保罗，母亲的小姨再次给他们做媒。11月，他们订了婚，次年4月办了婚礼。对于母亲成家这件事，阿太从未表示过什么意见，也许自己多舛的婚姻经历让她坚信母亲自己喜欢的人才会是好的。

父亲刚到圣保罗的时候，从事的也是祖辈的老本行。我的父母结婚后，外婆就把Galeria 167号的那家店面转租给了他们。和扛着编织袋相比，在店里卖服装到底显得体面一些。

阿太刚到巴西的时候对异国的生活一直不适应，直到最后也没能适应过来。来到巴西第一年的万圣节，阿太白天

阿太和外曾祖父在巴西的合影

一个人在家，一群化了鬼脸、穿着奇装异服的孩子来敲门讨糖，阿太开门一瞥到他们，立马“砰”地把门摔上。母亲晚上下班回家，阿太跟她说：“吓都吓死了，白天见到鬼。”我在童年时候亲历过万圣节挨家挨户讨糖的欢乐，听到这段轶事时笑得差点背过气去。母亲在和我一起笑过之后，回想起阿太当年独自面对全然陌生的环境时的手足无措，深深叹了口气，“你阿太那时候是真的不容易”。

在巴西待了三年多，阿太只学会了“come（吃饭）”和“tomar banho（洗澡）”两句话。阿太的孙辈们，除了我的母亲，都长在巴西，和她没法交流。直到1998年初，我的姐姐出生，阿太照顾我的母亲坐完了月子，在3月份一个人回到了中国。外曾祖父和外公一起为她在县城购置了一套小房子。

当年阿太原以为外曾祖父逃出去只是短暂避一避风头，不曾料想自己的儿子后来也跟着去了，还在那里安了家，生了子，扎了根。当初愿意和我母亲去到巴西，阿太一定是抱有一种期望的：数十年风雨兼程，终于可以和儿子儿媳团聚，子孙绕膝，颐养天年。去了以后她才发现，那边的家和文化，和她之间仿佛隔了一层厚厚的障壁了。阿太融不进，抑或可能抗拒融入巴西的文化；那边的文化好像也不欢迎她，将她婉拒在一扇无形而坚实的大门之外。阿太在巴西那会儿，看着我的舅舅们筷子不会使，汉语不会讲，总是摇着头叹息，“冤家，一个个都变成洋人了”。

## 谁谓荼苦，其甘如荠

1999年，外曾祖父去世，葬在里约。2000年，我在圣保罗出生。

阿太回国后一个人住，生活极尽节俭，一日三餐不是粥就是煮得软糯的米饭，配上一点咸菜和腌茄子。她用的那个

阿太给佛像纳的小绣花鞋。

绿色的塑料菜罩，积满了黑色的油渍污垢。外公不时会汇钱回中国，但是阿太总是拒绝。阿太在家不愿意开灯，清晨五点不到就起床，傍晚太阳落山了便躺下。她的日常活动，无外乎用那台翻动着灰线的画面黯淡的老彩电看越剧，或者是一个人坐在窗边的木椅上，一边念着“阿弥陀佛”，一边给菩萨纳小小的绣花鞋。我的姐姐在出生后五个月被带回中国交由奶奶照顾，她长大一些后会时常到阿太家去拜访，这约莫是阿太晚年难得的天伦之乐了。

2008年前后，父母和我陆续回到中国。那时母亲常对我说，你阿太年纪大了，有空多去看看她。我彼时懵懵懂懂的，也听不明白这些道理。去了阿太家只能看电视里咿咿呀呀地放着越剧，唱得响亮又绵长，耷拉着头正要睡着，突然的一亮嗓又把人惊得清醒。何况刚回国的我，普通话都说不利索，更别说是江南的吴语了，而阿太又只会说青田话，讲的时候还像是含在嘴里咕哝似的，经常一句话说到一半，过了半晌才冒出剩下一句来。我实在没有办法和阿太交流。

我自己不愿意去阿太家，母亲去的时候便会硬拉我一起。母亲有阿太家的钥匙，我们按了门铃就自己开门进去。进了阿太的家门，玄关和客厅之间有一道用作酒柜的木头拱廊——我的外公是很爱喝酒的——使得本来就不大的客厅显得更加逼仄。阿太总是坐在窗边的木椅上，借着阳光给菩萨纳绣花鞋。一双枯槁的手在太阳底下，显出分明的青色血管，虎口深深凹陷下去，穿针引线却毫不含糊。旁边的桌子上放着一个爬满铁锈的饼干盒，阿太用它来收纳针线，针线和花布在里头散落着，还有几枚杂着黑斑的铜黄色顶针。针线盒边还有一瓶糨糊，用来黏合鞋子外层的布和用薄纸板做的鞋身。糨糊瓶的标签纸早已发黄剥落，瓶口处沾满了干掉的面糊。自从用完了最初买的一瓶糨糊，阿太后来就都用面粉自己调制了；面糊的淡淡清香我是很爱闻的。旁边一个纸盒里齐整堆着一沓佛经，阿太是个虔诚的佛教徒——虽然在这辈子佛陀似乎没有怜悯她多少——每天的清晨和傍晚都会攥着念珠念经。平时阿太总是沉默又沉默着，但是她的家并不算冷清，要么是电视聒噪地唱着戏曲，要么是一个劣质塑料外壳的收音机吟诵着混着电流杂音的佛经。和母亲一起去阿太家，倒是可以拿她的按键手机玩贪吃蛇的游戏，其他种种便也勉强变得可以忍受了。

阿太房间里的架子床和木头柜是从老家带出来的，有超过五十年的历史。每次进到阿太的房间，会迎面扑来一股很重的味儿，这味儿倒并不是臭，甚至算得上亲切。只是淤积在房间里久久不散，打开窗子通风也没有多大用处。母亲告诉我，那叫“老人味”，每个人都躲不过的。

每次我们去拜访阿太，她才会打开客厅的灯。见到孙辈们来了，她会到留给我外公的房间拿出饮料和零食，饮料多是听装的健力宝或王老吉，应该是亲戚过年来访时带来的。母亲总是会悄悄提醒我先检查保质期，如果过期了就让我佯装不想喝，回家的时候再带走丢掉。我想，阿太大概不知道食物还有保质期的说法。阿太对那个饥荒年代沦肌浃髓的记忆，在物质极大丰富的后来也没能消弭，过年时其他亲戚给我的祝福不外于“好好学习，考上好大学”，而阿太的嘱托却总是那一句“饭要吃饱”。我们将走的时候，还在玄关处穿鞋，阿太就会熄掉客厅的灯。

当年阿太从巴西回国的时候就曾对我的母亲说过，最后两年你要回来陪我，不想竟一语成谶。2011年夏天，阿太的身子突然垮了，她向来什么事情都自己扛着，这次却主动和母亲说，“我实在烧不动饭了”。母亲想送她到医院住下，做个检查，可阿太见我的弟弟年纪尚小需要母亲照顾，心疼母亲家里医院两头跑，硬是犟着不肯住院。后来，母亲一日三餐都送到阿太家，见她情况还是不见好转，就把阿太接到了我们家，请退休护士来家里给阿太挂补剂的吊瓶。我到阿太的房间给她端水，她见到我，嘴里总是嗫嚅着，但是声音极其微弱。我听不懂阿太说的话，同她也并没多少交流，但是见到阿太奄奄一息地卧在床上，我的心里总会泛起一阵说不出的凄楚。

阿太叮嘱母亲赶紧让我的外公外婆回国，母亲安慰她说一定会好起来的。

“如果这次我能好起来，鱼干都能晒活。”阿太说。

我看到母亲是抽泣着和我的外公打电话的。

阿太住到我们家的第十天，外公外婆终于回国了，阿太也终于答应去医院。检查报告上赫然写着肠癌晚期，阿太于是直接在医院住下了。医生见阿太年事已高，采取了保守疗法，用呼吸机和输液吊着她垂垂暮老的一缕气息，好让还在国外的亲人能来得及回来见她最后一面。先是我的二舅，回中国待了一个月，适应不了这里的生活，回巴西了。我的三舅在二舅回去后也回来了，待了一个多月也走了。大舅留在巴西帮外婆看店。阿太的一个弟弟从德国回来见了她一眼，便也回去了。

我的舅舅们和阿太告别时，她会把头别过去，不愿多看他们，布满血丝的黯淡双眼噙着泪，嘴里嘟哝着："冤家，都变成洋人了。"

舅舅们反正也听不懂。

在医院躺了三个月，阿太去世了。

有一次病房里只留下母亲一人，阿太把母亲叫到床边，说她房间的衣柜里有一些现金，是留给我母亲的，她最放心不下的就是这个孙女。母亲当然知道阿太只是意识糊涂了，哪能有什么钱，但也只能"好，好"地应着，以慰藉已经气若游丝的老人家。后来母亲整理阿太的遗物，找到的她留下的钱财，只有一个绣花钱包里几张皱巴巴的纸币，和几枚氧化发黑的硬币。

阿太的葬礼是回到下碓举办的，这是阿太生前的意愿，老人总是讲究落叶归根的。这片土地，见证了阿太年轻时家国沦丧的悲恸和夫妻诀别的痛楚；离开这片土地后，阿太在文化间的沟壑边徘徊踟蹰，终于无法逾越；兜兜转转地，她又抱着骨肉分离的凄苦回到了原点，永远留在了这一方的土壤中。

阿太的头七和二七外公外婆还留在国内，三七就是我母亲自己操办的了。

我从小就常从母亲那听说祖辈们的故事，他们每个人的一生都像是一个遥不可及的时代的缩影，只不过只言片语拼凑起的历史多少有些朦胧难辨。借着这次机会，我和母亲前后打了近六个小时电话，翻阅了各类史料，才把阿太的一生从头到尾捋了一遍，真切体会到时代的尘埃是如何在一个小人物的生命中激起飘摇风雨的。

谨以这则家庭史献给我的阿太，献给她的在时代中无声的哓哓余音。

# 沉默的牺牲

王含颖

太短暂了，也太平凡了。自从祖父与祖母随着涌向东北的人流一路闯过来，他们就仿佛与远在山东的老家割裂开。我又想到我的母亲，孤身一人从广西远嫁到吉林的母亲，透过她的人生，我窥见了许多从其他人口中不会得知的过往。我非常恍惚地意识到，母亲其实是现在我所看到的许多女性的缩影，以另一种声音述说着一个群体的苦痛。而这种苦痛又总是处在家庭的阴影中，仿佛我们三缄其口就会使其消解在岁月中，甚至成就一种伟大的牺牲。

# 一

外祖父去世很早，那时候的母亲尚不记事，事情的始末都是她从外祖母口中得知的：外祖父在筹建新宅时被一面倒塌的土墙压住，最终未能救治成功。

在母亲的描述中，外祖母的形象总是强硬而充满活力，与我印象中年逾七旬的瘦小而慈祥的老妇人大相径庭。丈夫去世后她也未曾改嫁，在一众亲戚的帮扶下，独自将三个儿女艰难地拉扯大。

“你外婆那个时候总是很凶，但是没有办法，不凶管不住我们。”

母亲说的时候是笑着的，她告诉我外祖母如何将半夜还在外面玩耍的自己抓回去，并且狠狠地打了一顿。这样的事不少发生，但母亲回忆起来也只是一笑置之，与外祖母之间仍然很亲昵。

读到四五年级时，母亲便辍学了。外祖母认为，她作为长姐，应当下地干活，好让两个弟弟继续念书。尽管落寞，母亲仍然驯服地答应了。她从学校回到田地里，与外祖母一同忙碌着。生活艰苦，然而总的来说还算安稳，不过这种安稳很快又被打破了。

1994年，暴雨不迭，洪水使村庄一整年的耕耘毁于一旦，也让原本就一贫如洗的家庭雪上加霜。同村的年轻人为了维持生计被迫走出去，投入到90年代轰轰烈烈的打工潮中。

在这件事上，外祖母和母亲僵持了很久，因为离开不仅仅是两个字那么简单，还意味着一笔不菲的车费。好在最后三姥姥看不下去，偷偷塞给母亲20元钱。拿着这20元钱，母亲坐上了离乡的小客车，一脚踏进汹涌的人潮。

## 二

对于没有学历也没有经验的母亲而言，起初的生活无疑是困难的。她不清楚该往何处去，时代的热浪裹挟着她，将未曾准备好的她抛进人山人海的柳州。

母亲做过很多零工，最初一段时间是在学校附近兜售小食品。学校放假后，生意变得惨淡，于是她又去给人送货。她就在拥挤且喧嚣的夜市里穿梭，吃力地搬运着整箱的货物。“闻到食物的味道，想都不敢想。”

年轻时的母亲

她很详细地和我描述着打工时的许多细节，包括她如何在两个月后攒下160元，其中100元寄给外祖母，60元拿来买了一件夏装。她向我详细地描述了那件长裙的款式与花纹以及布料的质感。对于青涩且家境贫穷的少女而言，那件衣服或许象征了一种全新的、有转机的生活。

不久后我的两个舅舅也相继辍学，希望寻找其他的谋生手段。大舅也开始在城市中打工，小舅则留在家中做一些农活。母亲从外祖母口中了解到这些，心境是很安然的，始终没有怨恨外祖母强令她辍学的决定。

在之后的几年里，母亲仍然频繁地更换着工作。直到1997年，她通过朋友的伴侣结识了父亲，终于在广东暂时安顿下来。那时母亲在皮鞋厂工作，父亲是厂里的保安。两对情侣挤在一间合租房中，每日为了生计四处奔波。

这样的生活很快也走到了尽头。2001年，母亲怀孕，与父亲商议着结婚。于是在父亲没有存款的情况下，母亲自己拿出2000元钱，带着父亲回到那个小村子，又请一众亲戚吃了席，算是很仓促的仪式了。2000元钱在那个时候是一笔不小的数目。那是父亲第一次也是唯一一次回到外祖母家，随后母亲就这样嫁往人生地不熟的东北，像在做一桩孤注一掷的赌博。

## 三

我们家的境况一向是没那么富裕的，囊中羞涩的窘迫直到今天才有所缓解。

20世纪六七十年代的山东，那块濒海的土地早已被榨干了最后一滴油水，所有人都被动承受着一种无力扭转的贫穷。于是祖父祖母踩着“闯关东”热潮的尾巴，从山东迁往

祖母（左）带着两个孩子与妹妹的合影

举目无亲的东北。

家中没有田地，生活仍要继续。祖父拿着微薄的薪资在乡镇企业工作，祖母则是没日没夜地烙煎饼、熬小豆腐（一种常见的山东传统小吃）拿去卖。父亲与姑姑不得不在放课后做一些杂碎的农活，为贫困家庭挣来一点帮衬。

那时候的家境用一贫如洗来形容也不足为过，四口之家挤在不到20平方米的小房子里，一年到头不见荤腥，能吃到的肉也只有没人愿意要的肥膘或者瘟猪。祖父一向是过分节俭的人，常常是发了粮票与布票也不愿花掉。

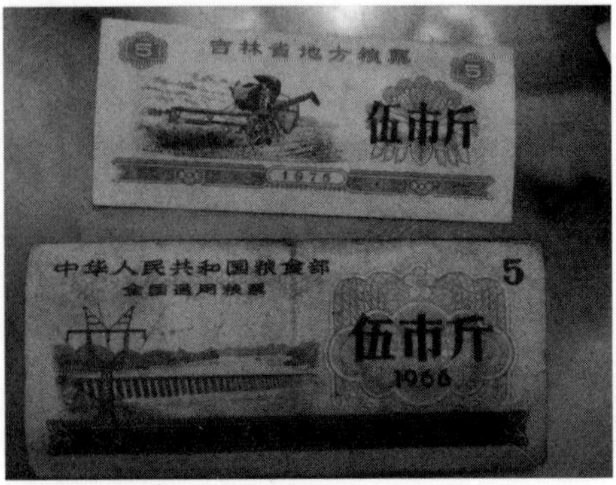


祖父留存至今的粮票

艰难的日子仿佛望不到头，父亲说他印象里祖父总是在外喝酒，喝到烂醉如泥才回家。祖父与祖母不停地吵、打，也总是因为各种缘由痛揍父亲和姑姑。这样想来，父亲总是刚愎自用、易躁易怒且不懂如何教育子女，似乎也是早有渊源的。

姑姑咬着牙在这样艰难的环境下读了中专，父亲不像姑姑那样坚忍，初中便早早辍学。他四处周折做着各种各样的体力活，最后迫不得已南下打工，在那时认识了母亲。

我猜想母亲是并不清楚这些的，又或者对于类似的困境已经逐渐变得无畏起来。总而言之她来了，一无所有的她来到了这个同样一无所有的家，并且就这样在小小的县城里度过了大半的人生。

他们在东北结婚，很快生下了我。困苦的家庭并没有因为多了一个成员而有所好转，所有人仍然都处在一种无力的劳碌中。父亲在婚后不久就又回到广东打工，母亲则是作为祖母的帮手一边带孩子，一边想尽办法补贴家用。

大概一年之后，母亲又怀上了第二胎，即我的弟弟。但家中的条件已经很难再供养第二个孩子，于是母亲与祖母商议着要去做人流。在这件事上，祖父显得很犹豫，为了保住这个最终被证明性别为男的孩子，祖父费尽心思办理了准生证。

这件事我是听母亲说了才知晓，因为在我长大后家里人总是对我很愧疚、很想补偿。我有所察觉，偶尔也会想，我的家人很难得地并没有重男轻女的观念。原来只是因为那时候太小，以至于我并没有留下印象。

譬如弟弟出生后，我还未曾断奶，然而母亲的奶水再也没有我的份。我总是哭，祖母百般无奈，只好去买含乳饮料回来兑了水再装进我的奶瓶。有一年夏天，祖母买来

婚宴上的父亲与母亲

的奶因为天气太热而变质，我为此上吐下泻。家里人吓了一跳，再也不敢在喝奶这件事上节俭。母亲提起这件事时总是很心疼我。

随着弟弟逐渐长大，母亲愈发觉得不能再这样得过且过下去。两个孩子的衣食住行与学费都是一笔不小的开销，仅靠做零工很难维持生计。于是母亲与父亲商量着安定在县城里，租一个店面去做给人刷车的活，好获得一份相对而言比较稳定的收入。

然而用什么去租呢？一穷二白的家庭连喂饱六口人都困难，更不要说拿出一笔不菲的租金来。这时候母亲想到了远在广东打工的大舅。就这样，母亲从大舅手中借来5000元，购置工具，租赁店面，开始了为期数年的刷车生活。

## 四

母亲是一个温和隐忍的女人。她生长在南方，并没有东北妇女骨子里那种强势与泼辣，甚至即使在婚姻生活里也总显出一种少女般的天真。靠积年累月地刷车攒下来的积蓄，全部由父亲保管。对于这件事，母亲也从来不曾过问。这样三四年过去，他们逐渐攒出将近10万来，加上老宅拆迁时赔付的13万，最终购置了居住至今的房屋，甚至在房产证书上，母亲也未留名字。

“我只是觉得我能把孩子照看好就够了，一家人之间不必分得那么清楚。”

生活逐渐有了起色，但总的来说还是很拮据。父亲不愿意一辈子被拴在洗车的那管水枪上，于是决定去河南学一些技术。对于这个颇有些大胆过头的决定，母亲一如既往地表现出了全力的支持。在父亲离开的整整一年中，她与祖母带着我在租赁来的店铺中继续拼命地刷车，祖父则是一边照料弟弟，一边四处找一些帮人砌墙的活来做。

等到父亲从河南回来，他开始经营起新的生意。家境是从那个时候逐渐好转起来的，父亲逐渐成为整个家庭的经济支柱。也是从那时起，父亲对母亲变得越来越不耐烦。他瞧不起母亲低微的学历，看不惯母亲因生育和不愿浪费食物而越来越臃肿的身材。尤其在刷车的生意停摆后，母亲对于他而言就变得一无是处起来了。

2015年3月，母亲的奶奶去世，她回到广西起坟。我和弟弟对于母亲的依恋都很重，尽管如此，对于母亲回家这件事父亲总是一而再再而三地拖延。祖母察觉了背后的原因，不敢直言告诉母亲，只是不断地打电话催她。母亲察觉出了不对，迅速地回到家，并且最终知晓了父亲的事。起初母亲仍然希望通过谈话或者讨好来挽留父亲，但在意识到所做的一切都毫无用处后，她与父亲开始频繁地为这件事厮打，有时又因为无能为力而转变成对第三者的咒骂。大概是料定了母亲毫无斡旋的余地，父亲索性夜不归宿，甚至直白地吼出他从没爱过母亲，并且威胁母亲再这样纠缠下去就不再管我和弟弟。

还能怎么办呢？母亲除了妥协毫无办法。生活还要继续，仅凭她一个人根本负担不起两个孩子的吃穿用度。她很清楚如果离婚，法院不会把孩子判给她。

母亲说起这件事时仍然会很落寞，她自言自语地问着，为什么一个人变心会这么快呢？但是她没有答案，我也不会有答案。

## 五

母亲与祖母都是那样温柔且隐忍，在许多人眼中，这一向是女性应该具备的品质，但这并没有改变她们可悲的命运与遭遇。在我的印象中，她们仿佛一贯都是这样的形象，仿佛受难的基督，沉默地扛起一切压在肩头的重担。

母亲的讲述将我拉回到那些没有男人而只能靠女人撑起生计的夜晚。我会想起无论是母亲还是祖母，她们年轻时总是活力四射，仿佛永远不知疲倦，也有熠熠生辉甚至咄咄逼人的时候。然而她们年轻饱满的脸庞竟从未出现在我的记忆中，好像她们的脸色从来都是一种无法滋养的蜡黄。我也很难想象出她们仍是少女时眼波流转的风采，我只知道她们的神情总是一种容纳了苦难的慈悲。

我过早地看到了家庭对于女性而言是怎样一种沉重的责任。在生活中与我最亲密的两位女性，她们被迫做出了选择，又被迫发生了改变。而家庭，或者说我的存在，竟然反而使这种沉默的牺牲变得合理起来。从年幼时起，我就担忧有一天我会和她们一样，成为那个淹没在家庭中的沉默的牺牲者。

在最近一段时间里，宣扬女权的呼声逐渐变得响亮起来，鼓励女性从家庭中解放出来并且回归职场。我也了解到这些问题中常见的案例，接着后知后觉地发现她们的处境与母亲是如此相似，并且逐渐意识到，温和与隐忍对于今天的女性来说，已经不能算是什么美德。

这就是我的家庭史，也许不止是我的家庭史。刻画一个家庭的成长时，女性远超出男性的那部分付出往往会被下意识地避而不谈。但在很多家庭中，又恰好是女性成为一根又一根沉默的支柱。

# 我从大山深处出发，一路自然生长着

陈一宁

我的母亲是一个从广西偏远山村里走出来的孩子，是村子里的第一个大学生。每年，我们都会回到那个村子里，看望外公外婆。我喜爱村子里星星与萤火虫交织的夜晚，又惊讶于山村的偏僻与穷困，愈发觉得她一路走出大山之不易。

从小我也零星听她讲述了些少年时的经历，借此机会，能够拼凑补齐，把那段她最挣扎艰苦的青春年华记录下来。为了更贴近和深入她当时的心境，正文我选择以母亲为第一人称视角展开。

## 一

我家门边有一丛芦荟，从我记事起就在那。鲜活的绿，杂乱又昂扬地生长着。芦荟大概是最经济实惠的植物了：不需要精心打理，它们仍旧茂盛；芦荟本身也妙用多多，小到蚊子包，大到切伤烫伤，都能用芦荟解决。

小的时候，我总觉得芦荟藏着比药更大的宝藏。我喜欢拔下一瓣柔软丰润的叶，剥开坚硬的绿色外衣，透过晶莹剔透的肉看清晨的阳光，我认定它就是书里说的水晶。

我问过母亲，这丛芦荟从哪儿来的呢，她说，从别家捡了一片芦荟叶子，随手插在门口，就能长出一窝新芦荟。我又问，那我从哪来的呢，她指指芦荟，你也是这样，从路上捡到，种到肚子里，不久就长成了一个小娃娃。

## 二

我出生在广西的一个小山村里，是家中的老幺，上面有三个哥哥和两个姐姐。我的父亲母亲都是靠着一双手在地里刨食的农民。父亲母亲除了自己的名字，大概认不得几个“豆腐块”了。他们给我两个姐姐取名“超芬”和“超琼”，“芬”“琼”“梅”“兰”是当时村里女孩最爱叫的名字，在村里女孩是没资格按族谱的字排辈的，所以“超”也是爸妈给的，大概是希望自己的女儿们也能超别的什么“芬”什么“琼”一等。他们给我起名叫“超冲”，意思很直白，不是跟村里的女孩做比较了，而是要超出我们这个山冲，到别的地方去。不过到上小学的时候，我觉得“超冲”这个名字实在是太不像个女孩子了，就给自己改名叫“超兰”，不是重回乡村起名俗套，而是取“青出于蓝而胜于蓝”之意。我出生的时候，村里还是生产队制度，大家靠着为生产队做农活挣工分生活。大家生活都差不多，很平均，平均地穷。父亲母亲每年挣到的工分只能够全家人勉强温饱。一斤米加一大锅水熬的粥就是全家人一整天的主食，为了不让米都沉到锅底，导致米和水分配不均匀，煮粥时还要加上一大勺木薯粉。一碗粥里，只零零星星漂浮着几粒米。我出生之后，米粒间的间隔更大了。

我是比较听话乖巧的孩子，用现在的话来说，可能叫“早熟”。我的大姐在我五岁时就嫁到了隔壁的村子里。大哥在镇上做工，不久后也成了家。二哥二姐三哥都还在读

大山深处的乡村

书。懂事开始，我就承担了家中的大部分家务。在集体劳动的日子里，父母总是早出晚归，哥哥姐姐也都不在家，我稍大一些，就开始跟着父母到田里捡稻穗。更大一些，洗衣烧饭的活就都由我承包了。二哥和三哥有时候也在家，但是家务活他们并不会做，也不愿做。

## 三

我的大哥初中毕业后，就没有再读书，到镇上的碗厂做工，挣取工分。后来辗转化肥厂、水泥厂，最后还是回到了村里帮人起房子。

大姐二姐初中毕业后不久便嫁了人，在家做家务、干农活。

二哥脑子活泛，动手能力强，可惜不喜欢读书，初中毕业后顺应改革开放的潮流，到广东去打工了。

三哥稍微好些，大概也是因为改革开放后大家对教育更为重视，所以完成了高中的学习，之后也去广东打工了。

六七岁的时候，我就到村口的小学上学了。说是小学，其实就是两间平房，四个年级分别在一间教室里上课。为了减少干扰，一、三、二、四年级这样隔开了坐。小学只有两个老师，一个教语文，一个教数学。上课的时候，两个老师同时开始，一个老师教一、三年级，一个老师教二、四年级。上半节课，先给一个年级上，下半节课再换一个年级上。加减乘除和比喻拟人，就这样在一个教室里交叉、纠缠、杂糅，我必须时刻集中注意力，努力将正确的信息收入耳朵。

上小学的时候，我大哥的大儿子出生了，但哥哥嫂嫂平日都得挣工分，带侄子的任务就落到了我的头上。我常常背着小侄子去学校上学，我总是坐在最后一排。他安静的时候，我就把他背在背后，认真听课；要是他突然哭闹，我就会给老师打个手势，我背着他轻手轻脚地走出教室，把他喂饱哄好，再进教室听课。除了课本，学校和家中都没有其他课外书。对农村的孩子来说，天地就是我们的书。家务和农务总是生活的重头戏。在上学之外的大部分时间里，我都在学习如何做饭、做针线活、编草绳、种植农作物。小学更像是一个启蒙的托儿所。就在这样的混乱和嘈杂之中，我度过了求学生涯的前四年。

我没有想过未来要到什么地方去，觉得读书只不过是人生的必经之路，也没有特别要求自己努力学习。所幸小学的内容并不艰深，只需老师讲一遍，我就自然能够举一反三，我的成绩一直很好。村中的小学没有五年级，要到一个小时路程外的一个较大的村小学去，我就背着粮食独自住到学校去了。学校的条件要比家里的还好，教学楼上有一个巨大的钟，夜晚还有亮到刺眼的汽油灯照亮我们的书桌。而在家里，我们都只能通过太阳的高度计算时间，等月光照亮屋前的空地。晚上我们这些无法回家的孩子就挤在一个大通铺上，伴着彼此的呼吸入眠。宿舍临着街，可以听到行人来来往往的声音，偶尔也有车经过。有时候我会想，他们从什么地方来，要到什么地方去呢？但小孩子的心事总是来去如风，更多时候我要担心的是有没有坏人从临街的窗户翻进来。我每周回一趟家，周六早上回去，到家帮忙干干活，周日下午再挑着下一周的口粮回学校。倒没有多少离家的哀伤，就是人生一段普通的经历，应当读书的时候，就好好读书。

## 四

我的成绩还是很不错，小升初考试的时候，考上了全镇最好的初中。当时全乡那么多人，这个初中只招大概150名学生。说句大实话，我也没有花特别大的力气去学习，但成绩就是很好，大概是有些天赋吧。我就这样进入了初中。

家里人对我考上了哪个初中，其实并不怎么在意。村里每年上初中的人不少，不过很大一部分是因为小学毕业年龄不够参与劳动，与其待在家好吃懒做，不如到初中上上课，多接受几年教育。我去上初中了，母亲只跟我说，上初中挺好的，多跟着学些道理，要是以后能考上个中专，就再好不过了。这样的天赋在初中也一直延续着，没费什么力气，我的成绩也一直在年级里数一数二。我就这样散漫地生长着，从来没太思考过未来要做什么。一直到中考结束，准备填报志愿。当时中考是先填报志愿，再公布成绩，发放录取通知书。

我中考发挥得十分理想，掌握了未来的选择权。但压力也正是来自这样的选择权。摆在我面前的是两条路：到县里最好的高中上学还是去念中专。

到县城高中去上学，已经算是半只脚踏入大专，更好些的可以去读本科，毕业后分配到城里或县里的机关单位里当干部。但选择这条路的时间和金钱成本很高，风险也大，因为上高中不一定能够考上大学。如果最后只考上大专，在村里人看来，就跟上中专没什么两样，不仅浪费时间，还白吃家里三年粮。和现在的人的想法不同，当时中专反而更热门，分数也要更高。因为三年中专出来后，就马上能够分配到国家的“铁饭碗”，自己养活自己，还能补贴家用。

父亲母亲一直以来对我这个小女儿未来最好的期待就是

考上中专，学习一技之长，端上铁饭碗，再嫁一户好人家。再加上家里经济状况确实不太好，大哥有了更多的孩子，二哥也结了婚。分田到户之后，各家自主生产，父母需要依靠山冲里那几分瘠薄的地，努力维持生活。我做不到对家中的困难视而不见，任性而为。中专似乎是最好的选择了。

但在填报志愿的前一天，班主任黎老师找到了我。他问我打算报什么学校。我支支吾吾，最后小声地说，家里条件不允许，还是报个中专吧。我也说不出是哪个中专，大概在我心里还是很期望自己能够读高中的。黎老师叹了口气，说："我知道你们家的情况确实不好，但是，你的成绩那么好，读了高中肯定是能考上大学的。考上大学后分配的工作比中专要好得多了，我还是建议你去读高中。"我沉默了，一时没有说话，泪水悄悄漫上眼眶。黎老师见我这样，也没有再多说什么，只是语重心长地劝我再好好考虑一下，不要轻易做选择。其实我那时候对大学并没有什么概念，村里从来没有人考上过大学，只觉得大学是一个很厉害的地方。我第一次如此认真地思考上大学这件事。现在老师告诉我，我也可以上大学。心里一直有个声音告诉我，我也可以上大学!

我郑重地在志愿表上填好县中的名字，然后小心翼翼地把表格夹到数学课本里，放到床头，准备明天就交给老师。彻夜难眠。床头的志愿表是滚烫的光和热，在漆黑的夜里燃烧不息。我的心被放在上面反复炙烤着，大学的梦想刚刚点燃，冰冷的现实又兜头浇下。第二天清早，我从床上坐起来，心里实在不安得很，又拿出志愿表翻来覆去地看。我的内心已然翻滚成一锅杂烩粥。到高中去，上大学去！不要再犹豫了！心里有一个声音在不停地说。我霍然站起，准备找班主任把志愿表交上去。

突然，宿管阿姨来敲了敲我的窗户，给我递进来一封信。是二姐夫的来信。二姐夫中专毕业，在村小学里做老师，算是家中眼界最广、最有文化的人了。他也很关心我，时常与我通信，询问我在校近况，偶尔也会在信中夹些小钱，给我改善生活。我最近给他去了信，就未来到何处上学询问他的建议，正巧回信就到了。我握着信重新坐回床上，将它展平，再用双手虎口捏住，却一时不想打开。我隐约感觉到二姐夫给出的建议并不是我所希望的那一个。我深吸了一口气，撕开了信封。二姐夫在信中说，家中近来确实困难，父母每日辛苦劳作，赚得的钱也不过勉强足够维持一家人的生活。他建议我最好报个中专学校，早点学成赚钱，为家中减轻负担。

刚刚下的决心又开始动摇，我不得不迫使自己重新考虑家境的问题。我摊开志愿表，盯着已经写下的志愿。黑色墨水写下的县中的名字横陈在苍白的纸上，晕染出一条条毛躁的尖刺。像一丛枯萎的芦荟，我突然想。失去了柔软水晶和甘甜汁水的芦荟，扎得人生疼。“家里条件不好，你应该早点挣钱养家”，我的脑子一片空白，只在不断重复这句话。我颤抖着把县中划掉，填了一个中师和一个卫校，眼泪不争气地落了下来。我把志愿表交给黎老师的时候，他看着我，欲言又止。这目光像一支缠绵悱恻的箭，我踉跄着侧身回避。最后他什么也没说，只轻轻拍了拍我的手，让我回去。

一只鸟儿正要乘风而起，却突然重重地摔到地面。我想，我的人生不过如此了。身后传来一声微弱的叹息。

## 五

黎老师又把我叫到了办公室。他说他还是觉得我应该去读高中，今天是填报志愿的最后一天，下午就要统一上交，希望我再想想。绕了一圈，我又重新面对这个选择。心中突然涌出强烈的恨意。我不恨自己家境贫寒，但恨自己太过懂事，做不到任性地凭着自己的喜好做选择。不，不是这样！你已经拥有了选择的权利，你只是害怕承担选择的后果，你不敢将命运掌握在自己手上！另一个声音在我耳边咆哮。我之前从未觉得自己有些什么太大的理想，认真学习是因为在学校就应该学习，干好家务是因为懂事的小女儿就应该勤快，我的人生被方正的“应该”所框定。

我决定为自己争取一次。

## 六

“女孩子读那么多书有什么用？”这是母亲看到录取通知书后跟我说的第一句话。录取通知书发到村里的时候已经是七月末，包括我，村里一共有两个人收到。另一个女孩去了一个中专学校，全村人都赞不绝口。而我拿到了高中的录取通知书。我的父亲在年轻的时候因为与人嬉闹伤了耳朵，平日里沉默寡言，喜怒不形于色。看到我的录取通知，他却也突然涨红了脸，一字一句地对我说：“既然没考上中专，就不要读书了，留在家里帮忙干活吧。家里供不起你了。”

一个唾沫一个钉，把我钉在狰狞的水田间。没有人为我考上了高中而高兴，除了我自己。

我独自跑到山里，大哭了一场。却也暗暗下定决心，要自己攒钱去读高中。锄头、犁耙、铁锹，可以敲碎一个人的梦，也可以夯实梦的基础。之后的日子我就长在了田间林中。除了到田里收稻、犁田、插秧，不用干农活的时候，我就到山里割松脂。松树都长在深山里，隔一个月才收一次，来回一趟能收集到一二十公斤松脂，很沉。有的时候我和二哥一起锯木板，直到虎口起泡才肯停下。松脂和木板攒到一定数量，就一次性拉到镇上卖掉。本镇价格偏低，还要扣特产税，却不许本镇的居民到其他镇上交易。为了多挣几个钱，我和二哥只好凭借着夜色的遮掩，用家中老破的自行车偷偷运到两个多小时车程的另一个镇上去。就这样我一笔一笔地攒着，很累，但能真切地感受到我正在将高中一点一点地攥在手里。

## 七

八月，村里来了个算命的“大仙”。是隔壁家请来算姻缘的，传说算得很准。凡是涉及神鬼命理，村里人总是热情万分。母亲突发奇想，请“大仙”来为我算一卦。大师摇头晃脑，念念有词，掐指一算，说我可能很难考上大学，但面相富贵，命里多贵人相助。贵人何在呢？冥冥之中自有运数。母亲抛给我一个意味深长的眼神。燥热的白日，我却突然如坠冰窟。但我心下更是多了几分不服，凭什么一个算命先生就能判定我的未来？我偏要考给你们看看！“大仙”走后，母亲没有再对我多说些什么。我心中忿忿，也没有去问。不久二姐夫也来拜访，父亲和他谈起我读书的事。两人并排坐在客厅的沙发上，啪嗒啪嗒地抽着烟，谁也没看谁。长久的沉默。只有烟气翻滚碰撞出咚咚的声音。

最后，二姐夫先开了口：“既然……高中都录了她，她成绩也一直都很好，不如……就让她去读吧。”父亲长吐一口气，说：“好。”烟气砸在地上，一锤定音。

## 八

在这样的一波三折中，我终于还是到县里去上高中了，后来保送到省重点大学，毕业之后凭借优异的成绩留校任

我和女儿

教。再后来，有了幸福的家庭和可爱聪慧的女儿。往后的人生里，我总会经常想起这段往事，总是忍不住想，要是当年我去读了中专，大概最终便是回到村里，嫁人生子，田间地头吧。但我并不怨恨农村的生活。至今我仍热衷于识别路上遇到的种种植物，仍记得各种作物的生长习性，仍怀念山清水秀的小山村。

我教女儿识别各类作物，教她种植，让她学会乡音。我的根还在泥土里。女儿小的时候问我，她是从哪里来的呢。我指着阳台上茂盛的芦荟，说，你是从芦荟里长出来的呀。

# Echo：一位“普通女性”的前半生

丁芷宁

父母在孩子心中的形象由于亲缘关系而凝滞，好像他们生来就是成年人，就是父母。孩子很难将他们看作一个同自己一样，不断成长和发展的个体。我也是这样看待我母亲的。她家庭普通，外貌普通，性格普通。她是温柔的母亲，贤惠的妻子，无聊的文员。我为家庭史想过很多选题，她从未成为过主角。但是，当我遇到危机时，她总会适时出现，不是作为倾听者，而是作为引路人，以她那永恒的平静与智慧给我力量。我才发觉，长期以来我都囿于亲缘关系，只能从母亲的角度看待她，而从没有把她当成一个和我自己一样独立的个体。当我后撤半步，回看这位“普通女性”的前半生，竟意外地发现好像和我的人生产生了某种互文关系：自诩特立独行的我，也不过是普通女性中的一员；而我的母亲，平凡而普通的前半生也有着非常多精彩的高光时刻。

## 出生：最危险的时刻已经过去，剩下的就是幸福，然后是自由

1973年1月，杨家的第四个女儿，我的母亲杨女士在T市J县县医院呱呱坠地。姥爷是单传，农村出身观念传统的太姥姥希望家里有个男孩。刚好姥爷单位有位同事，也姓杨，家住得很近，他家有四个儿子，小儿子也刚刚出生。在物资匮乏、子女多的年代，亲友间换养孩子（尤其是出于性别考虑）算是一件很普遍的事情。双方长辈都有意愿，但最终姥爷也没有同意换孩子。姥爷是老党员，思想觉悟高，认为国家干部不搞重男轻女这一套，还是自己的骨肉亲；何况两个家庭都在一个家属区，这么近的关系，将来孩子知道可能会埋怨父母。就这样，母亲度过了危机，成功留在了自己的亲生父母家里，成为了杨家最受宠的小女儿。

母亲记忆中的家庭很和谐，三代同堂，长幼有序，夫妻

相敬如宾，姐妹彼此照顾，很少争吵，生活平静而幸福。太姥姥虽是农村妇女，但并不是非[1]，是一个非常和善且勤劳的老太太，基本承包了家里的主要家务，也不对儿媳妇挑三拣四。姥爷对于太姥姥的一些传统观念虽不认同，但会出于对长辈的尊敬而忍让，不发生正面冲突。姥姥姥爷都是很早就入党的老党员，有着共同的革命理想和奋斗目标，举案齐眉、伉俪情深。二人是县委的同事，经人介绍认识结合。姥爷曾任县委办公室秘书，去中国人民大学进修后，任某调水工程工程管理处副处长，退休前兼任工管处党校书记；姥姥则一直在县工业局负责政工、工会和妇女计生工作。

革命伴侣的结合带来了平等、自由和民主的家庭氛围。他们对于四个孩子一碗水端平：无论是过年的大扫除，春天种植花草、养鸡还是过年买零食、买衣服都是人人有份，不会厚此薄彼。有趣的是，两位党员干部把工作中的民主生活会传统带到了家里，家里大事小情从不瞒着孩子，每周都要四个姑娘搬着小板凳坐在一起开个家庭小会。无论是升学、恋爱等人生重大选择，还是日常学习考试、过年过节、添置

1 方言，指事多，喜欢惹是生非。

衣物等琐碎小事都要充分倾听孩子意见，家庭成员都来讨论商量 。对于女儿们的人生道路，姥姥姥爷都会给出建议，但最终还是以尊重孩子自己的选择结束。

母亲成长的阶段，正好赶上姥姥情绪低落、状态不佳的更年期，所以整个家庭以姥爷为核心。比起男主外女主内的传统家庭模式，在我母亲的原生家庭中，反倒是姥爷更多地承担起了照顾和教育女儿的责任，也因此对她产生了更大的影响。

姥爷为人正直善良，温和内敛，非常内秀，文采一流却不善言辞。他非常重视教育，总是鼓励孩子们追求自己真正想要的东西。因为从小未离开过父母，无论是脾气秉性还是职业道路，母亲都是公认的最像姥爷的一个女儿，若说没有偏爱，怎么可能。而姥爷的疼爱也并非是单向的，母亲虽然受宠，但并不是娇气，心思细腻、情感丰富的她也是离家求学的四个女儿中，唯一保留了所有和父亲来往书信的一个。

一般来说，小女儿都会比较受照顾，不会像长子女一样很早就意识到自己对家庭的责任，这使得母亲在思考自己人生抉择时不会过多考虑家庭，而是按照自己的意愿行事。

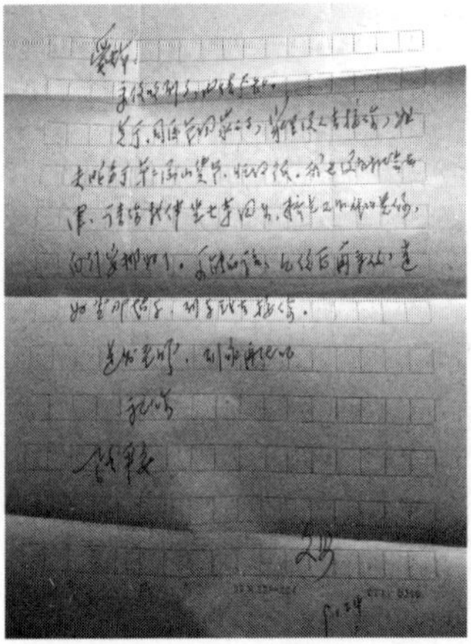

姥爷给母亲写的信

大姨大母亲九岁，具备了所有好大姐应该具有的品质，很早就参加工作了，在太姥姥去世后承担起了大部分家务，从做饭到女红样样拿手，长姐如母，为这个家付出了很多。

二姨三姨年幼时因为姥姥姥爷工作忙，被分别送到乡下奶奶家寄养，小学时才回家住，二人都很聪明，也因此爱争强好胜。最重要的是，她们是一对双胞胎，走到哪儿都非常惹眼。对此，母亲酸溜溜地表示“人家两人同龄，干什么事都亲亲热热地手拉手结伴去，就甩我一个小孩，总是追在人家屁股后面当跟屁虫”。

就像我很难抛开女儿的身份看待母亲一样，母亲的姐姐们也很难摆脱姐妹的视角看待母亲。母亲在成长过程中，心智逐渐成熟，有着丰富的内心世界和强烈的自我意识，渴望做自己的主，但生活中却总感觉被当成小孩看待，因此，一颗追求自由独立，无拘无束没人管生活的种子，就这样在母亲心底种下。

## 求学：看起来不太聪明的样子——“个性化”、自由、我管他呢！

在人生的前18年，几乎每天我都会在饭桌上听我的父亲讲述甚至可以说是吹嘘他学生时期优异的成绩和丰富的课余活动经历，所有故事的结局都汇于一个终点：原生家庭的拖累导致他高考失利，没有考上目标高校天大，才和我母亲成为了同学，才有了我。父亲说母亲从上学的时候就笨，他上课不好好听讲，每天踢球，期末之前突击复习一两周就能考得很好，拿奖学金，母亲学得认认真真，却考不过他，还要他辅导作业。母亲甚至也会直白坦诚地说，自己不那么聪明，很多东西就是不明白，学起来慢。

母亲似乎从小就缺乏在学习这条主赛道上争强好胜的习惯。二姨三姨这对双胞胎姐姐明里暗里从学习到生活什么都要比；父亲则是因为家境贫寒，所以非常自负，怕别人瞧不起自己，总爱和别人比较还一定要胜过别人。或许是父母的宠爱带来的安全感，或许是的确成绩平平而不对自身有不切实际的希望，母亲则志不在此，她说“每个人都有短板”“我相对追求个性化”。她的个性化之路，很明显，就是成为一个文艺青年。

母亲从小喜欢看书，在学校每年都会订《作文通讯》《儿童文学》等杂志，也会去书店买自己需要的书。姥姥在工会负责管理图书室，姥爷单位有《半月谈》《人民画报》，母亲一点也不缺看书的渠道，广泛阅读的结果就是她的作文写得很好，常常被作为范文展示；扎实的文字功底也为她后来的工作奠定了基础。

她还一直是学校的文艺骨干、活跃分子。在班里担任文艺委员多年，画板报练了一手好字好画，还主持过“五四”歌咏比赛等各种文艺活动。小学五年级时曾作为学校鼓号队的鼓手参加全县的宣传活动。母亲站在队伍最前面打鼓，两个男生抬着大鼓，后面的人群都摇着小旗子喊“科学是第一生产力”等口号。

母亲认为高考对她来说是人生中的第一个转折点，这是她离家走向广阔天地的第一步。母亲生物、化学成绩还不错，虽然喜欢文科，尤其是地理，但是背的功夫很差；因为理科录取分数低，招的人数多，考上的几率更大，综合考虑还是报了理科。当时社会普遍流行“学好数理化”，两个姐姐也是一个学的统计，一个学的财会。母亲成绩一般，考上大学就是唯一目标，没有太多选择的余地，最终进入了各郊县在T市城市建设学院建材工程系委培招生的专科班。他们全班都是T市郊县的学生，毕业后要回到原籍，因此，她和父亲虽然上的是“大学”但实际上学历是大专而非大本。

1991年，18岁的母亲第一次长时间离家，她感觉“自由了，没有太想家”。可以看到外面的世界让她激动又兴奋。可外面的世界却并不如她想象得那般“自由”，学校里有那么几种“泾渭分明”，一是本科和专科，二是市区和郊县，三是男生和女生。同班的多数同学都囿于班级的小圈子，过着宿舍教学楼两点一线的生活，母亲则不然，她好不容易来到了自由的天地，绝不做笼中的鸟儿。她积极参加各种活动、社团，结识各类朋友，拓展社交圈子，虽然性格并非呼朋唤友的外向型，但也很好地融入了大学校园生活。

母亲在校报记者团参与了学校院刊的创建，负责一个版面的组稿编辑、排版，一直到毕业。还参加了蓝宇文学社，写写文章，出出社刊，当时的刊物还是油印的。这个文学社有一个口号：集合理科院校的文字爱好者，在冰冷的建筑物上空有一片属于自己的蔚蓝天空。不知道是因为建筑物冰冷还是天空太高所以冰冷，母亲觉得文学社“不太热闹，（就）定期召开个会”。不过，共同的兴趣爱好还是让母亲结交到了聊得来的好友，她在这里结识了一位男生朋友，北京人，大本生，据母亲说他们是那种“能指出彼此缺点的朋友”，毕业后还有过联系。当我问起：“我爸不会吃醋吗？”她说：“我管他呢，这是正常社交。”

## 爱情：思想品德课上讲，互补模式比较能成功

关于爱情，母亲觉得她自己没有一个很固定的另一半的模式，没有经验，也比较理想化。小时候因为喜欢地理，希望自己能做地质勘探员，找个海员做伴侣，跟着他去海上

漂，周游世界。后来高中的时候喜欢过一个“高大帅”的男生，母亲主动表白交往，但那个男生有些胆小，农村出身的他高考压力更大，何况母亲是干部家庭出身，双方家境差距不小，他拒绝了母亲，后来二人就因为分班分开了。高考那年，他落榜了，复读一年考上大学后再来找母亲，已然物是人非，令人唏嘘。

从何时有你有你

伴我给我热烈地拍和

像红日之火 燃点真的我

结伴行 千山也定能踏过

1992年，李克勤的一首《红日》火遍大江南北，也成为我父亲后来每次到KTV的必点曲目。两个青涩的年轻人在离家度过的第一个新年里交换了贺年卡，透过精美的卡片他们嗅到了暧昧的信号，虽然“送上我最真挚的祝福”“特别的祝福送给特别的你”这样的话在现在看来有些“套路”甚至有点土，但是在当年，可都是“用心写的，不是大众的”。他们的爱情之火也像歌词中唱的那样，热烈地燃了起来。在那时大学校园到处充满新奇又积极向上、崇尚自由的氛围中，他们就打破了传统观念中保守的男女交往界限，一起学习交流，逐渐了解彼此，也确定了恋爱关系。

和多数出身农村的同班同学比起来，父亲母亲似乎都显得很“有个性”。从小担任班长、文体委员、学生会主席的父亲虽然也是农村人，但和沉默而胆怯的农村孩子不同，他热情开朗，个性张扬，也热衷于组织参加活动，人很聪明，成绩也不错。只是，由于高考失利，他刚入学颇有些理想和现实落差太大造成的失意和无奈，对这个专科学历难以接受，除了上课就在足球场上踢足球疯跑（因此晒得非常黑，被我母亲嫌弃），几乎不和高中同学以外的人交往，气质上又添了一丝狂放和桀骜不驯。

母亲作为干部子女家境相对不错，人长得漂亮，气质出众，文静内秀但也落落大方，兴趣爱好广泛，积极参加各种文艺活动，自然少不得吸引男同学的目光。据母亲回忆，当时大约有四位男同学喜欢她，而在羞怯的男生们都还在观望时，父亲已经先下手为强。不到一年，两人就成了男女朋友。母亲说，她和父亲能在一起就是一个“早”字，父亲建立了母亲对爱情和亲密关系的认知，两人也不太避嫌，整日一起上课、自习，周末一起出去看电影，逛公园，买东西，大学三年，朝夕相处，打下了深厚的感情基础。

父亲自小在农村长大，16岁就险些被家里逼着婚配，他接触到的女孩要么寡言木讷要么粗俗凶悍，完全没见过像母亲这样气质脱俗的女孩。有一次母亲穿了一条红底白花的漂亮连衣裙从宿舍楼门口走出，父亲看到就惊呆了，说像仙女下凡一样。母亲也治愈了父亲高考失利的伤痛，美好的人和事物总能让人重新燃起对人生和未来的希冀。父亲在母亲的影响下逐渐走出高考的阴影，决心从头开始、奋发图强，给自己也为母亲奋斗出一个光明美好的前程。

对于母亲来说，这个意气风发，充满正义感的“黑脸愤青”，有着丰富而稍显悲惨的人生经历，整日精力充沛，总有一肚子话和她说，她也乐于当倾听者。最重要的是，同班同学多数视野狭窄，格局有限，而父亲虽然被家庭拖累，却坚信自己能靠读书跳出农门改变命运，完全依靠个人能力学习、社交、生活。两人都向往着独立自强的生活，希望靠自己闯荡一番天地，看看外面更大的世界，这一共同的人生追求将父亲和母亲紧紧地联结在一起，两个从家里“逃离”出来，渴望靠自己的力量在大城市扎下根的老幺相遇了，最终结成了志同道合的伴侣。

母亲说，当时身边人“都不看好我们”，觉得两人不

一排左三为母亲，三排左二为父亲

合适。说来有理，母亲和父亲的家乡在T市分布一北一南；母亲文静内敛，父亲活泼外向；母亲心思细腻，父亲不拘小节；母亲爱好文学，父亲喜欢运动；母亲是干部家庭，父亲是贫下中农……不过，母亲记得思想品德课上讲过的关于“交友”的类型，老师说“互补模式比较能成功”，这给了母亲信心。更何况母亲最不在乎别人的看法，她觉得“别人管不着”，既不想着去迎合别人，也不刻意去反抗，只是过好自己的生活。

姥爷姥姥革命伴侣式的结合也在很大程度上影响了母亲的择偶观念，她要寻一位志同道合的伴侣，这比一切物质条件都要重要。而父亲，在当时的她看来，就是这样一个人。两个人彼此鼓励着，帮衬着，真的在毕业后分别找到了工作，靠自己的力量，留在了T市。

## 工作：职业选错了，选文科应该会不一样吧

母亲的职业发展其实一直非常顺利，在学校官方报刊的工作经历彻底改变了母亲的人生轨迹，在主编老师的推荐帮助下，母亲虽然被分配到了玻璃厂，但并没有去技术岗，而是负责分厂所有宣传文字工作，之后又从分厂调到了党办，一直负责企业报的编辑工作。后来母亲随企业东移搬迁调入一个负责新项目的新公司，从事行政、劳资、党务的综合工作。并在2005年新项目汇报的过程中与上级集团党委办公室主任接触，被选中调入了集团党委办公室做机要秘书。2011年又转岗到党委宣传部，做回了报纸编排的老本行，只是报纸从小厂报变成了市管集团企业报。随着国家对建材行业过剩产能的调控及市场的激烈竞争，当初的玻璃厂早已亏损停产，工人们按照年龄段分流安置，50以上管到退休，50以下的自愿买断工龄流向社会，自寻出路；母亲却幸运地一

路晋升，从分厂一直进入到集团总部。从功利的角度讲，文职尤其是负责党务的文职人员比起技术岗的确有着更大晋升空间。从母亲个人能力的角度讲，她报纸排版和文字编辑的能力也绝对胜过她倒腾二氧化硅和碳酸钙的能力。我们都为母亲高兴，母亲却显得很平静。我很不解，问母亲：怎么好像没什么事业心？她却说：不喜欢官场，只是想做点能做的事，又说，“职业选错了，我就没长理科的脑子，学理是被动的，选文科应该会不一样吧。”

我一时有些恍惚。这个学期，我每周二晚上都会去旁听一门研究生课，虽然我很多时候不能完全听懂，但还是坚持去了小半个学期，其中一个原因就是，这个老师让我想起我的母亲。她们都瘦瘦小小白白的，我喜欢她细软的头发，喜欢她两腮有点凸出和下垂的肉，像小松鼠，喜欢她说话不疾不徐的节奏，喜欢她温柔悦耳的声音。每当她又讲到了什么我听不懂的概念时，我就想，如果母亲当初读了文科，会不会现在就像她一样也成为了杨老师，在初夏闷热的小教室里给学生讲课？

父亲经常半开玩笑半嘲讽母亲的工作“太虚，不生产任何东西，对GDP没有贡献”，母亲有时回应有时沉默，我从前以为她是懒得回应，现在想想或许母亲心底里其实也向往着更有创造力的文字工作，只是作为一个从小县城只身前往城市打拼的年轻人，她没有太多选择，她的第一份工作就决定了未来几十年的事业走向。可即使是这样，母亲依旧在她的岗位上做出了优秀的成果，否则也不会一次次被领导看中，顺利晋升。

母亲一直教育我，是金子总会发光，只要做好自己的本职工作，好好干，就一定能得到施展自己的机会。那么我希望在那个选了文字工作，一切都不一样的平行世界里，母亲能够在自己喜欢的领域里做着自己喜欢的工作，绽放出更灿烂的光芒。

### 婚姻家庭：我理想的婚姻生活是相敬如宾，给我自己留点空间

在母亲流露出对自己职业的些许遗憾之意后，作为一个有些激进的女权主义者，我问母亲，会不会觉得婚姻限制了自己的人生可能性，她不假思索地回答了“否”。

在那个相对传统和闭塞的年代，婚姻依旧是一件人生

必须和自然而然的事情，对于“个性化”的母亲来说也是一样。但无论多么追求自由，特立独行，母亲都从未排斥过婚姻这个概念本身，婚姻本没有错，错的是人和人结合的方式。在她看来，婚姻就是“有个家”，两个人决定搭伙过日子，携手前行，共度余生。

“像我这种只身在一个城市的还是希望早点有个家的。”母亲认为，她的婚姻基本算是按她自己预想的样子进行的。两人婚姻最大的基础，就是一致认可白手起家，依靠自己，不依赖父母。他们在婚前婚后经历多次工作变动，也曾遇到困境，出现危机，但都因为这共同的目标又聚在了一起。在大多数人希望找本地人、最好是亲朋好友介绍的对象时，母亲却一心想：不想找个市里人，因为这样“婆家（就）更加少干预到我了”。像父亲这样“逃离”原生家庭的，勉强也符合要求。显然，母亲希望她的婚姻是两个人的，希望她在婚姻和家庭中拥有绝对的话语权，而不是被长辈的权威影响干涉。她要尽可能地减少外界对自己生活的干扰，过独立的小日子。

母亲选择父亲，是觉得他虽家境不好，但是敢想敢拼，是个潜力股。从父亲在我出生前的表现来看，的确是这样的，90年代，在多数人的月薪只有几十、几百的时候，他就能在外企拿到每月3000元的收入。父亲是个很会“来事儿”的人，其实就是懂得人情世故，靠一张嘴就能“混”社会，这对于当时刚刚走出学校的年轻人来说是难得甚至优秀的特点。这不仅为他自己带来了高收入，也为刚走入社会的母亲提供了很多实质的帮助和安全感，母亲其实是很依赖他也很全力支持鼓励他的。

1997年4月26日凌晨，父亲从爷爷家出发，坐着婚车，自南向北跨越150公里去J县接亲。母亲和亲属也坐了几个小时的车去夫家参加婚礼。之前父亲这边的风俗都是流动饭店，在外面露天的喜棚办，而父母的婚礼在父亲的强烈要求下档次提高，在正式饭店举行。婚后第四天，他们又回到J县，“回门”宴请其他没去的亲戚。

那天母亲换了两身衣服：先是一身红格子点缀的白色婚纱，然后是一身红色西服套装，头发高高盘起，扎满了结婚常用的喜字头花。父亲一身米色暗格西服，皮鞋擦得锃亮。那天姥爷激动地哭了，他非常舍不得小女儿离家结婚嫁人。

父母的婚房是爷爷单位分的老旧小平房，有个“巴掌大”的小院，有个仅能容下一人的小厨房，最不可思议

▲ 父母在父亲老家结婚

◀ 结婚当天父母亲在父亲家门口拍的合影

的是没有卫生间，需要去外面街道的公共卫生间。尽管条件如此简陋，两个人觉得总算有了个安身之处。小屋简单装修一下，买了新家具和电视机就满满当当了，冰箱因为没有地方放就没有添置。简易的婚房并没有阻止幸福的脚步，他们同甘共苦，不抱怨不懈怠，而是努力打拼为改善生活条件而努力着。1998年，小两口依靠自己的积蓄加上东拼西凑的钱付了五万块首付，成为T市最早一批贷款买房的家庭，住上了价值十多万的自带卫生间的商品楼房。幸福，美好的生活似乎是这么简单……

然而，我出生之后，随着几次工作变动，在父亲35岁前后，一个男性职业发展的黄金期，他的事业逐渐走向衰落。2015年到2018年，国家对工业园区的环保评价标准不清和偷税漏税等现象进行了整顿，导致生产成本陡增；加上家装行业的重新洗牌，父亲频繁跳槽。他从成百上千人的大企业一步步落到了手下只管三个工人的小作坊。他不再是那个充满冲劲儿的毛头小伙子，而是一个愈发“成熟”“躺平”的中年男人，事业陷入瓶颈期。

大城市十年的时代命运流转比起经历了从战争到改革开放数十年的小县城还要迅速。人，是会变的。年少时志同道合的伴侣可能逐渐就走向了疏离，趋于两条平行线。当年一心离家独自闯荡，坐几十个小时绿皮车硬座也不喊苦的父亲，现在更多的是标榜自己的过去，也变得相当絮叨，还常常为了他的原生家庭剪不断理还乱的鸡毛蒜皮，花一整天时间和我的大娘、二娘、爷爷以及保姆周旋。

那天，母亲在短视频里看到一对入党70周年的老两口，“都是师大的老师，好生羡慕”，“你以后要找个经历学识修养差不多的人”。她在微信中和我说道。

## 死亡：最爱我的人不在了——当时并没有太体会她的心情

1992年，我的父亲母亲恋爱，同年，姥爷第一次突发脑血栓。他在大外孙女的生日宴结束后，突然就说不清楚话了，有些嘴歪，于是立刻被家人送到医院，当天还能自己走路上台阶，第二天就无法下床了。在未来很长一段时间里，姥爷左半边身体都被“栓”住了，手不灵活，腿也瘸了，后来走路必须拄拐棍，生活质量受到了很大影响。思维日渐迟钝，人也容易情绪激动，为一点小事就哭。女儿们都没想到，当时才60岁、尚未退休的父亲的病情竟会如此严重。

1994年，正值母亲的期末季、毕业季，姥爷在给母亲的信中这样写道：

> 非常想念你，也许是你经济不自立，怎能不牵挂？你说，我有病以来没写过一个字，这是真的，来了那么多信，一封也没回，真是对不起你，老实说，病是日渐好转，但是

无论是脑子、眼睛、手写信都有些困难，我想了想，再困难也要写上几行，满足要求。

也许是对你的一种安慰，哪怕是话不成话，字不像字，也要传达你我之间这种感情吧，小女，请你不要见怪，人老了，再加上得这病，就是不行了，平时想不算事的事，也办不到了。你让我心胸开阔点，我领悟了，但做起来真不容易啊。

“七一”党的生日就要到了，这对一个追求进步的青年来说，是向党述说心情，表达意愿的好时机，不知你过去向院系党组织提交过入党申请没有？如果没有，可在“七一”前正式向党组织递交申请。如果递交过申请书，可向党组织提出再次申请，主要是对照党员条件，找差距，提出继续努力的方向，争取得到党组织的关心和帮助，这件事，我想你会做好的。当前正在考试，一定要认真对待。

你很早就在政治上追求进步，希望早日加入中国共产党，我也经常鼓励你，几年来进步是不小的。

将来分配问题，家长都很关心，你也想得很多，我看发展的趋向是双向选择发展，由冷向热逐步过渡，不过，具体的方向，现在还很难说，因为形势发展很快，不要过于着急。将来留市里也好，回县也好，都无妨。我同意你的看法，好孩子志在四方，到哪里都是干番事业，为人民贡献自己的才智，你说，对吗？你放心，家里是不会拖你后腿的。

“七一”征文，选定了，写得不错吧，那么有信心，就一定能够得奖，我赞成你这种要干就干出点名堂来的志向，祝你成功。

“六一”到了，想家就回来看看，说实话，爸也想你，上次来，想一块说会话就没说成，你总是干这干那的。夏天到了，西瓜回来一定让你吃个够。

家里都好，就我是个大废物了，不要牵挂。

祝你毕业考试顺利取得好成绩，征文获奖，毕业分配如愿。

2000年7月，因转天母亲要从大学放假回家，姥爷和姥姥去买菜，姥姥买了菜拿回家，告诉姥爷等她，再骑三轮出去溜达，姥姥再回来就发现，姥爷已经自己把三轮车骑走了，骑了很远很远，他自己也迷路了。家人、单位发动了很多人寻找，去电视台打寻人启事，最后在一个很远的村子里，有人发现姥爷倒在路边，救下了他，又看到新闻滚动播出的寻人启事，打电话联系了家里。救护车接姥爷回到医院抢救时，他已经是植物人了。

姥爷这次发病，病情发展迅速，大面积脑梗塞，不省人事，在医院坚持救治一个多月，不能吃东西，采用鼻饲，插了尿管，还切了气管吸痰。家人也很煎熬，姥爷离不开人，姥姥和女儿们黑白倒班陪床，直到9月姥爷最终离世。

母亲这样评价姥爷：父亲一生忠于党和人民的事业，两袖清风，为官清正，是有名的笔杆子，爱学习、研究党的理论，爱看书，退休后只有一箱子红本书拿回了家。无不良嗜好，最大的休闲与享受就是一边抽着烟，一边用水管给自己心爱的植物（柿子树、小葱、小青菜）浇水。他，是一个好父亲。

近几年，姥姥的身体状况也每况愈下，我问母亲是否会怕姥姥也去世，母亲却说："我是觉得和亲人都还是心连心的，换一种方式而已，（亲人）永远都在一起。眼泪没有意义，她看不见，她也希望后人过得好。"

对于母亲来说，20岁时父亲得病，27岁时父亲去世，这期间大多数时候她都不在父亲身边，"成年后一直在外求学，还没来得及和父亲深入交流，他就走了"。很难说是不是这样过早面对残酷生死的经历让母亲对生死淡然，甚至也对一切外物纷扰、浮华名利看得很淡。但在母亲看来，姥爷的离开是她人生的第三个转折点，因为“最爱我的人不在了”。

## 生育：有个小人陪伴我了——在迷迷糊糊中祈祷你健康平安

姥爷去世后，我的父母觉得可以考虑要孩子了，一是觉得年纪到了，房子买了，生活相对稳定了；二是之前一直苦于孩子生下来没有人带，姥姥要照顾姥爷离不开，而现在如果有了孩子让姥姥来帮忙带，能转移一下姥姥的注意力，让她不要过分悲伤。

2001年6月27日，一个闷热的午后，母亲和姥姥按照医生嘱咐来到T市中心妇产医院输液，由于子宫环境不太好，缺氧也缺营养，这已是输液的第五天了。本想着终于把最后一天的液输完了，大夫突然说情况不好，有些脐带绕颈，要求母亲留下立刻剖腹产。这时距离预产期还有大约一周，母亲什么也没准备，措手不及，只好通知父亲火速赶来办理手续。

手术过程中，母亲虽打了麻药但还有意识，能听见医生说话，记得医生紧张有序的术语和刀钳剪碰撞的声音。医生责备母亲血色素有点低，为什么之前不说有贫血的情况。母亲迷迷糊糊，心里祈祷着健康平安，她在脑海中描摹着我的样子，想着不期待多漂亮，白白净净就好了，因为我父亲太黑了。剖腹产手术持续了半个小时，5点半左右，我第一次见到了这个光明的世界。我第一眼看到的是父亲，母亲意识不太清醒，但听到孩子哭声尖细，就猜到是女孩了。整个生产过程虽然发生了插曲但手术过程还算顺利，傍晚倾盆大雨，一扫白天的闷热。

自此，母亲成为母亲，而我也成为了我。她也完成了前半生的最后一件大事，生育，这对她来说意味着“有一个小人陪伴她”一起走过下半生。

对于婴儿时期，我是完全没有记忆的，好在母亲有记录生活的习惯，一本《育儿杂记》解开了我对人类幼崽生活的重重迷惑。

对于原始人类，也就是小婴儿来说，吃喝拉撒睡永远是第一要务。满本的育儿日记，最重要的几件事就是“好好吃饭”“按时睡觉”“不要拉尿在身上”，顺便有一些学会走

母亲的《育儿杂记》

路、说话等“高级技能”。

育儿杂记不仅仅是记录我的成长和母亲养育我的心得，她还会摘抄一些来自《自我保健》《家长》《刘亦婷——哈佛女孩》等教育类杂志书籍的育儿指南，记下一些能唱给我听的儿歌歌词，也会剪下一些报纸上的有关教育的小文章夹在本子里。

在日记里，母亲也不再只是平时那个温柔端庄，永远平静的母亲，而是成为了一个有着真实情绪的，有血有肉的刚生育过的新手妈妈。20年前的母亲，也和现在的女性一样，面临着生育后的身材焦虑，面临着养育孩子的疲惫和困惑，和三代人生活习惯不同等诸多问题。

那时我父亲在母亲这里的称呼还不是“老丁”而是时髦又有一丝撒娇意味的“Dad”。母亲会因为孩子反复哭闹，因为父亲的“假干净”和不爱自己做饭而在本子上重重地写下“讨厌”两个字，会在一天的日记里反反复复写5个“烦”来抒发自己的情绪：“一个人带孩子面对的是孩子的任性和自己的忍耐力，无从发火，只有烦。”

对母亲来说，我出生之后她的人生便都“围着孩子转”。姥姥带我到七岁，为了使我有一个更好的教育环境，母亲决定把年岁已大的姥姥送回老家，自己独立带我，开始进入了十多年的教育摸索期。“没啥大事，很平静，你挺好养的。”母亲说，“高考是你的高光时刻，但不是我的，只是我也很幸运地给推到舞台聚光灯下，我很欣慰和释然。”某种程度上，母亲是放弃了自己人生的可能性而甘愿为我做陪衬。我突然意识到了虚无主义思想的可恶：我并不是只为我自己而活。我的生命是母亲生命后移28年的延续，也是对她前28年的回响，有意无意间，我弥补了母亲当年的缺憾，这或许是遗传的力量，或许是教育的力量，或许什么也不是，只是命运的巧合。但不管怎样，我爱她，因为她是我的母亲，她给了我爱，因此我知道如何去爱别人，她教育了我，因此我知道如何成为一个独立的人。

我写的也不仅仅是我的母亲，还有无数明明非常优秀、非常伟大，却被冠以“普通”之名，被无视、被忽略的女性，女性可以过平凡的一生，但不应该被轻蔑地冠以“普通”之名。

# 她们

张芷若

我很幸运，从未经历过与至亲的生离死别。姥姥去世时，母亲刚刚结婚三天，小姨才从别人家中被抱回来几天。母亲提到过去的时候总爱说一句“如果你姥姥还在该多好”。

1999年，太姥爷轮流住在儿女家中，每家住半月，姥爷是他的二儿子。太姥爷的到来对于姨妈们是个好消息，因为这意味着餐桌上能有肉了。一家人吃饭，姥姥总是先帮太姥爷盛好饭，将肉挑过去，剩下的才由孩子们吃。

那天，来看望太姥爷的亲戚带来了当时很少能吃到的鸡蛋，要知道大家平时都舍不得吃鸡蛋，要留着拿到街上去卖。姨妈们正在高兴马上能吃到鸡蛋了，太姥爷竟然在亲戚走后，将鸡蛋尽数送到了叔姥爷家中。为了几个鸡蛋，姥姥一气之下投了井。

也不仅仅是几个鸡蛋的问题。叔姥爷家中有儿子，太姥爷长久以来都偏袒。

从那之后，姥爷和叔姥爷一家的来往就少了，甚至在我的印象中都没有这样一门亲戚。姥爷也很少再登门看望太姥爷，逢年过节都是姨妈们去送礼寒暄。

太姥爷偏袒叔姥爷一家，却没能换来他们膝下承欢，自始至终一个人住在破败的老房子里，干干瘦瘦，身体却不错，是个长寿的老人。去年初夏，太姥爷用一根布条结束了自己的生命。

那个年代的农村，一家五六个孩子，又都是从贫苦中向外攀爬，手足之情、父母之爱，要么就醇厚得像一壶陈年的酒，要么就寡淡得像一杯泡了太多次的茶。

我有一个二叔，已“消失”12年之久，从我七岁起就再也没有见过他，奶奶为他结婚盖的房子也再也没有打开过门。但是我却吃过他家院子里结的石榴，是奶奶踩着砖摞从墙的那边摘过来的。他家院子里结的癞葡萄落下的

由左至右：小姨，我，二姨，四姨

种子还在奶奶家窗台上的玻璃瓶子里，积了一层又一层的灰。当年二婶经常和爷爷奶奶发生争吵，带着孩子回了娘家，再次回来就和二叔一起彻底搬走了。12年间，二叔过年回来过几次，偶尔带来一瓶酒，很少留下来吃饭。小姑和三叔结婚的时候他都没有回来，听说前几年还改了名字。二叔刚走的时候，街坊四邻少不了闲言碎语，可这么多年奶奶一直挂念着他……

而姥姥家的孩子们，一直挂念着姥姥。

姥姥过世后，小姨不再称呼姥爷“爸爸”，而是改称“大爷”，并认门口的石碌为父。小姨是姥爷家的第五个孩子，也是第五个女儿。想要儿子的执念和贫穷勾连的结果，是小姨刚出生就被送给了别人，对方是远村的一个单身汉，腿上有残疾，还要照顾生病的双亲，想养个孩子为自己养老送终。小姨四岁那年，也就是姥姥过世的那一年，对方家里再也养不起孩子了，将小姨送了回来。刚送回来不久，姥姥就投了井。算命的先生说小姨命硬，“方”（在农村有诅咒和不祥的意思）死了姥姥，就让小姨对姥爷改了口。

母亲的乳名也是从封建迷信中来。算命先生说母亲“方”太姥姥，于是就取了乳名“方自”——把灾祸都转嫁到自己的身上。太姥姥在母亲八岁的时候过世，母亲的人生至今和她的乳名也有些贴合，她将所有的辛劳都揽在了自己身上。

母亲是家里最大的孩子，14岁的时候就挣得了自己的第一桶金。因交不起学费，母亲在初二时辍学离家，经亲戚介绍到相邻的徐州市戏马台一家私人幼儿园打工。白天给幼儿园老师打下手，帮忙分发食物、打扫卫生，晚上就住在幼儿园的杂货间里，每个月领180块钱的工资。一个孩子照顾另一群孩子，母亲始终是不习惯，只待了两个月就回家了。

母亲至今都不是一个好动的人，也许是从小就在田间地头、家里家外劳作，长大后也是常年打工，体力劳动占据了太长的时间，有了空闲就不想再动了。“绣花”是她生命中的边角料，总是被安置在时间的缝隙里。母亲学绣花，不是因为喜欢，更谈不上文化传承，仅仅是因为贫穷。直到生活水平提高，她绣的十字绣才成为了自己家里的装饰。

母亲说自己不是一个手巧的人，而姥姥却会很多手艺，布鞋、棉袄、棉裤、棉被都会做。白天下地干活，晚上凑着煤油灯昏黄的火光帮一家人做布鞋。母亲后悔没有学学姥姥的针线功夫，这些手艺在现在也许就是一个被闲置的命数，可是却能够在姥姥过世后让没有母亲的孩子们穿上合身的衣服。

母亲从幼儿园辞工回家后就开始绣花补贴家用，大多是些小的花样。这些绣好的花样成为别人衣服上的点缀，或是别人家中的装饰，而她就能获得8到30块不等的手工费来补贴一家人的生活。这时候母亲是家里唯一一个不上学的孩子。

16岁时，母亲暂时结束自己的绣花生涯，开始在镇上的纸箱子厂打工，同村七八个人每天骑着自行车往返四趟。

1997年，母亲经媒人介绍认识了父亲，一周后就定下了婚约，这一年她18岁。那时的订婚对于父亲和母亲而言，仅仅是一个开始相处的信号。

80年代中期到90年代初期，经济改革的重心由农村向城市转移，城市尤其是经济特区对劳动力的需求大量增加，激发了第一次打工潮的出现。90年代中期后，务农的收入风险和负担以及第一次打工潮中衣锦还乡的人所起到的示范作用，促使了第二次打工潮的出现。母亲就是第二次打工潮中的一员。

和父亲认识不久，母亲就和同村的两个女孩一起前往广东打工，周围村镇一起出去的有一二百人。当时南下打工已经初具规模，由一个人负责招工，将所有的打工者“运送”到工厂。和母亲一起出去的人中有很多是辍了学的年轻女孩。

南下热潮中，争抢的不仅仅是火车票，还有火车上的空间。为了登上火车，攀爬窗户的人不在少数。没有买到坐票的母亲要站上一天一夜，火车上拥挤到抬起一只脚后就再也没有落下去的空间。她说她最怕的就是火车上推着小车的售货员，任何一个人的行动都有可能导致原来的空间变得更小。直到现在，依然有很多这样的打工者，他们也是像潮水一般，在特定的时间涌上来又退下去。2019年国庆假期结束后，我乘火车硬座从徐州前往北京，第一次身处于这种潮水中，被淹没的感觉令人窒息。整整一夜，没有座的人就在过道上或站或坐，以各种各样奇怪的姿势打着盹，半夜起身去卫生间的年轻姑娘道了一路的歉。这些人中，中年劳动力居多，也有老年人，或许他们中有不少是与我的父母一样与水泥打交道的人。

母亲到广东后进了一家制帽厂，一个台湾人开办的私人企业。刚进厂的半个月是培训期，要学习的不仅仅是技术，还有工厂里的生活习惯，完成一个从农村劳动力向城市劳动力的转变。培训期一过，工厂就开始分配员工到不同的厂子。所有的员工站在操场上，被分配到其他工厂的人点到名字就上对应的车。母亲站在黑乎乎的车厢里，和一些人一起被分到了分厂。分厂的条件很不好，母亲说吃饭从来都不敢大口吃，因为成团的米饭里会出现老鼠屎，每周二的鸡腿是一周最好的伙食。

母亲不是一个爱热闹的人，平时休息的时候不和其他年轻的姑娘一起出去逛街，都拿来睡觉。厂子里包吃包住，没有什么额外的开销，就将所有的钱尽数寄回家。

在制帽厂的半年时间里，母亲与外界的主要交流就是和父亲通信。她至今仍保留着父亲的来信，那些信跟随着父亲的脚步从不同的地方寄到制帽厂。父亲的信总是两三页纸的长度，开头认真地写上“方自，你好。多日未见，切切思念”，信的内容无非是介绍自己的情况、询问母亲的情况。父亲的字很好看，偶尔也会用一些花哨的信纸，就像是校园里充满书卷气的爱情，那时候父亲已经辍学八年，母亲已经辍学五年。

后来母亲因为脚上生了烂疮，没有办法踩针车，申请调工不成就回了老家。回家后拾起了绣花，脚伤好后，又去镇上的纸箱厂做工，直到和父亲结婚。

年前结了婚，年后不久父亲就去了聊城的建筑工地。父亲去过很多地方，辗转于不同的建筑工地，学到了木匠、水电、瓦工等各种手艺，也因此与我们终年难得一见。我的童年关于父亲的记忆，仅仅是他临出门前放在我手心里的几颗亲手打下来的枣子，还有每次回家给我带的零食。

结婚后，母亲在家里养了各种家禽，凭借一己之力照料家里家外，怀孕期间也是在田间地头、鸡笼鸭舍之间操劳。我是奶奶家的第一个孙辈，却是个女孩，因此幼年时并没有得到奶奶太多的照料。田间地头，母亲总是背着我。

在我的印象中，母亲一直是一个可爱的人，可母亲却说我出生后她的脾气不好，经常惹事的我免不了挨打。父亲出门在外，母亲要照看着我还要顾着田里的庄稼、院里的家禽，繁琐的生活、贫穷的压迫或许才是我挨打的原因。

2001年，我出生的这一年，15岁的三姨辍学南下已有一年，四姨11岁，小姨5岁，家中的一切都担在二姨肩上。她结婚前从未长期离开家，姥姥过世后就开始更多地扮演母亲的角色。

三姨后来也进入了制帽厂，又辗转到箱包厂，断断续续踩了三四年的针车。三姨和母亲不一样，她是一个更接近时代的人，善于社交，更好地融入了城市，而不仅仅是融入工厂。在空闲之余，三姨会去溜冰、去逛街，感受着城市与乡村不同的热闹繁华、开放自由。在皇冠箱包厂，她遇到了人生中第一个贵人，模具部门的经理将三姨选去做了文员，离开了生产流水线。三姨开始学习电脑、英语，后来又转到采购部、外销部。在广东，三姨待了九年，实现了人生的第一个转变。

后来三姨去了浙江嘉兴。当时，电子商务如火如荼，在身边朋友的带领下，她开始做淘宝网店。直到今天，那网店还开着，销售量却早已不如刚开始的时候。十年之间，网络技术的进步与普及、网上购物领土的扩张、直播带货、短视频带货的兴起、微商都加剧了网店之间的竞争。加上要照顾孩子，精力有限，网店的经营也就搁置了。

三姨在外打工的收入，更多地投入到了四姨的学业上，四姨是姥爷家五个孩子中唯一一个完成大学学业的。她在国家颁布《义务教育法》之后出生，因此在周边的村庄上了小学和初中。即使免费，四姨上学期间，还是不时有学生辍学。在经济压力之下，与上学给家庭带来的压力以及无法保证的荣誉相比，辍学为家庭带来的补贴要实惠得多，贫困农民的所思所想还是没能和教育家们重合。

农村学校里教育资源少，老师的教学水平也不高。小学学校就在本村，总共一百多名学生，一个年级一个班。随着外出打工、做生意的浪潮，学生人数不断减少，甚至有的班只有一个学生。当时学校仅几间教室、泥土操场，迎着校门的是一尊白色的断了脚掌的女学生雕像。学校师资薄弱，数学老师兼职教体育，校长兼职上英语课，一把二胡带着一个班的学生唱红歌。如今，学校的环境改善了，却早已没有学生了。

四姨上了两年初三，考上了县一中，可高考成绩出来后，她直接放弃了填报志愿的机会，跟随三姨去了嘉兴的工厂，计划和母亲、三姨一样开始自己的打工生涯，最终却因为耐不住工厂的辛苦回家填了志愿，上了一个专科大学，毕业后成为了一名幼师。

小姨在高二时因为成绩不理想，不顾一家人的劝阻选择了辍学，却和四姨一样不愿意去工厂打工。在母亲那个年代，对于没有背景、没有基本资金也没有胆量的人来说，制造业工厂无疑是一个好的选择。而今职业形式多样，工厂流水线时时刻刻重复相同的工作内容，无法创造理想的收入和丰富多彩的生活，更无法保证前途。曾经在工厂流水线上拧螺丝的母亲和三姨，对于那段时间最为印象深刻的是针车和每天走过的固定路线，她们都没能在日复一日的劳动中交到朋友。

我三岁那年，母亲再一次南下，和姑姑一起进了三姨所在的箱包厂，三个人住得很近。母亲是整个车间里最爱加班的人，常常是从早上7点多踩针车到晚上12点，因为加到晚上12点不仅有加班费还可以吃上夜宵。已经离开流水线的三姨很少需要加班，就在晚上帮母亲去打夜宵。母亲指责三姨

三姨、四姨和小姨

爱玩，三姨连续几天没有和母亲说话，可母亲的柜子里依然会多出零食。这次母亲只在广东待了不足一年，因为总是惦记我。

回家后，母亲做过在学校门口摆摊的小本生意，也绣过花、卖过鸡鸭鹅蛋，一刻不曾停歇。而我就随着母亲的三轮车辗转于各种各样的集市，贩卖着各种各样的农作物。直到我7岁时，母亲开始跟随父亲辗转于徐州城南城北的各处住房，帮各家各户贴上漂亮的瓷砖，而自己却住在一个又一个楼梯间里。

后来，年幼的妹妹被接到徐州，我开始了自己的留守生

母亲抱着我

活。10岁时，学校里有女学生被性侵，父亲母亲帮我办了转学手续，到县城读书，此后身边更是没有亲人。

我和我的父母之间，用聚少离多来形容再合适不过，由于疫情无法返校期间，反而是一起相处最长的一段时间。和父母之间没有矛盾、没有隔阂、没有抵触，家庭氛围轻松而幸福，都能清晰地感受到来自彼此的爱。可相互之间的沟通却有壁垒，交流的内容更多地局限在三餐天气这样的话题，我的社交、烦恼，我想成为的人，都很少在交流范围之内。我这样的孩子并不是个例。

我永远不能完全感受母亲和姨妈们的心境和生活，只能从她们对昨日的娓娓道来中一窥那由“鸡毛蒜皮”撑起的波涛汹涌的内心。

无论是母亲还是姨妈们，她们的生活都可以用平平无奇来形容，那一点看起来不一样的为挣脱贫穷而做出的努力，在诸多人的贫穷中也毫无亮点。她们的爱情更多地来自油盐酱醋中的相濡以沫，来自岁月一层层的积淀；她们辗转于各地却始终围绕着家人。

平平淡淡几十年走来，她们始终都紧紧地抱成团，她们是彼此生活的眼睛，她们是无话不谈的家人，她们了解彼此的内心，知道彼此的缺点，包容彼此的无奈。就像几条奔腾的河流，最终都融汇在童年这片海里。

胭+砚
project

**胭砚计划：**

《噢，孩子们——千禧一代家庭史》，王洪喆主编
《回放》，叶三著
《大欢喜：论语章句评唱》，李永晶著
《多情的不安》，【智利】特蕾莎·威尔姆斯·蒙特著，李佳钟译
《在大理石的沉默中》，【智利】特蕾莎·威尔姆斯·蒙特著，李佳钟译
《〈李白〉及其他诗歌》，【墨】何塞·胡安·塔布拉达著，张礼骏译
《珠唾集》，【西】拉蒙·戈麦斯·德拉·塞尔纳著，范晔译
《雪岭逐鹿：爱尔兰传奇》，邱方哲著
《青春燃烧：日本动漫与战后左翼运动》，徐靖著
《自我的幻觉术》，汪天艾著
《阿尔塔索尔》，【智利】比森特·维多夫罗著，李佳钟译
《海东五百年：朝鲜王朝（1392—1910）兴衰史》，丁晨楠著
《昭和风，平成雨：当代日本的过去与现在》，沙青青著
《送你一颗子弹》，刘瑜著
《平成史讲义》，【日】吉见俊哉编著，奚伶译
《平成史》，【日】保阪正康著，黄立俊译
《看得见的与看不见的》，【法】弗雷德里克·巴斯夏著，于海燕译
《群山自黄金》，【阿根廷】莱奥波尔多·卢贡内斯著，张礼骏译
《诗人的迟缓》，范晔著
《亲爱的老爱尔兰》，邱方哲著
《故事新编》，刘以鬯著
《国家根本与皇帝世仆——清代旗人的法律地位》，鹿智钧著
《父母等恩：〈孝慈录〉与明代母服的理念及其实践》，萧琪著
《说吧，医生1》，吕洛衿著
《说吧，医生2》，吕洛衿著
《摩登中华：从帝国到民国》，贾葭著
《一茶，猫与四季》，【日】小林一茶著，吴菲译
《暴走军国：近代日本的战争记忆》，沙青青著
《天命与剑：帝制时代的合法性焦虑》，张明扬著
《古寺巡礼》，【日】和辻哲郎著，谭仁岸译
《造物》，【日】平凡社编，何晓毅译

图书在版编目（CIP）数据

噢，孩子们：千禧一代家庭史 / 王洪喆主编. --
桂林：漓江出版社，2022.9
ISBN 978-7-5407-9292-3

Ⅰ. ①噢… Ⅱ. ①王… Ⅲ. ①家庭 – 研究 – 中国
– 现代 Ⅳ. ①D669.1

中国版本图书馆CIP数据核字(2022)第149230号

噢，孩子们——千禧一代家庭史
O HAIZIMEN
QIANXI YIDAI JIATINGSHI
王洪喆 主编

出 版 人：刘迪才
品牌监制：彭毅文
责任编辑：陈嘉梦
特约编辑：钟 源
书籍设计：余 音 张 琪
责任监印：陈娅妮

漓江出版社有限公司出版
社址 / 广西桂林市南环路22号
邮政编码 / 541002
网址 / www.lijangbooks.com
微信公众号 / lijiangpress

北京联合天畅文化传播有限公司发行
发行电话 / 010-64258472

印制 / 北京盛通印刷股份有限公司
开本 / 787mm × 1092mm 1 / 32
印张 / 11 字数 / 170 千字
版次 / 2022 年10月第 1 版
印次 / 2022 年10月第 1 次印刷

定价：58.00 元

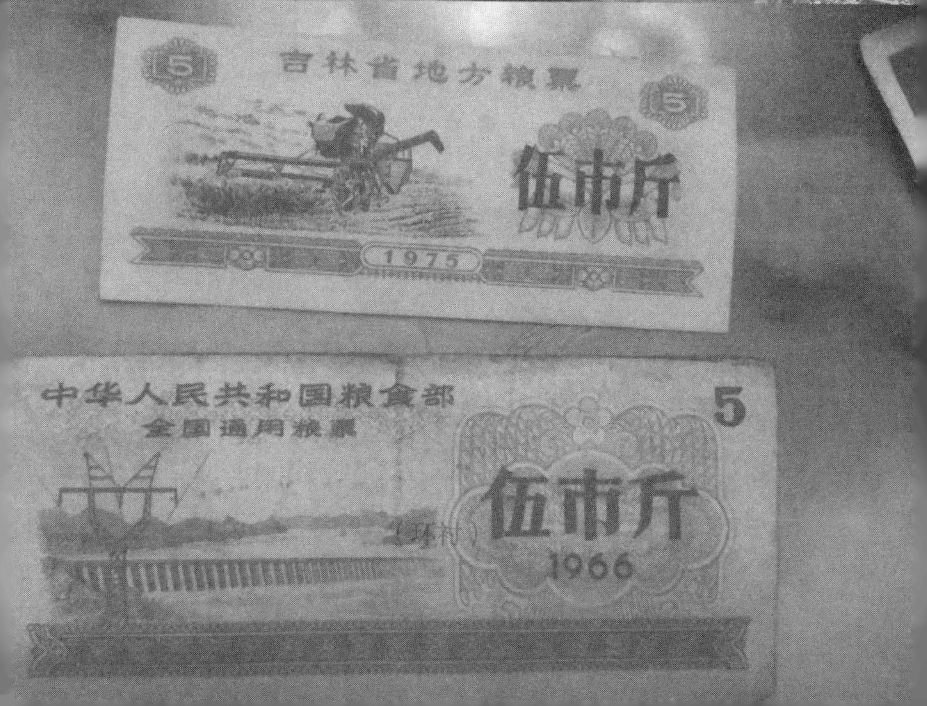

5
吉林省地方粮票
5
伍市斤
1975
中华人民共和国粮食部
全国通用粮票
5
伍市斤
1966

祠堂
庚子年清明
子孝孫賢世澤長
祖功宗德流芳遠